Le semeur

Catalogage avant publication de Bibliothèque et Archives nationales du Québec et Bibliothèque et Archives Canada

Pelchat, Mario, 1964-

Le semeur : enraciner sa vie pour mieux s'épanouir

Autobiographie.

ISBN 978-2-89225-785-4

1. Pelchat, Mario, 1964- . 2. Vie spirituelle. 3. Chanteurs – Québec (Province) – Biographies. I. Titre.

ML420.P381A3 2012 782.42164092 C2012-941735-1

Adresse municipale :
Les éditions Un monde différent
3905, rue Isabelle, bureau 101
Brossard (Québec) Canada J4Y 2R2
Tél. : 450 656-2660 ou 800 443-2582
Téléc. : 450 659-9328
Site Internet : www.umd.ca
Courriel : info@umd.ca

Adresse postale :
Les éditions Un monde différent
C.P. 51546
Greenfield Park (Québec)
J4V 3N8

Dépôts légaux : 3e trimestre 2012
Bibliothèque nationale du Québec
Bibliothèque nationale du Canada
Bibliothèque nationale de France

Conception graphique de la couverture :
OLIVIER LASSER et AMÉLIE BARRETTE

Photographie de la couverture :
MICHEL CLOUTIER

Crédits pour les photos intérieures :
ARCHIVES PERSONNELLES DE MARIO PELCHAT

Photocomposition et mise en pages :
ANDRÉA JOSEPH [pagexpress@videotron.ca]

Typographie : Minion corps 12 sur 15 pts (CS5.5)

ISBN 978-2-89225-785-4

Nous reconnaissons l'aide financière du gouvernement du Canada par l'entremise du Fonds du livre du Canada (FLC) pour nos activités d'édition.

Gouvernement du Québec – Programme de crédit d'impôt pour l'édition de livres – Gestion SODEC.

Gouvernement du Québec – Programme d'aide à l'édition de la SODEC.

IMPRIMÉ AU CANADA

MARIO PELCHAT

Le semeur

PRÉFACE DE
MICHEL LEGRAND

Table des matières

LA SEMENCE

LA PLANTATION

L'ENTRETIEN

LA RÉCOLTE

ANNEXE 1

ANNEXE 2

La semence

« C'est à force de répandre le bon grain
qu'une semence finit par tomber
dans un sillon fertile. »

JULES VERNE

Remerciements

Merci d'abord à celui qui surpasse toute intelligence et qui gouverne TOUT. Celui par qui j'ai reçu la vie et tous les dons qui m'ont permis de vivre, croître, goûter, m'interroger, me transformer, m'épanouir… AIMER… MERCI, PAPA GOD !

Merci à Claire, la femme de ma jeunesse, mon réconfort, mon alliée, tu es une femme vertueuse et exemplaire, tu contribues à transformer l'homme que je suis et à le rendre meilleur, tu m'impressionnes par ta beauté intérieure et extérieure, par ta foi en LUI et par la jeunesse qui ne s'éloigne pas de toi… Merci d'être dans ma vie, promets-moi que nous vieillirons ensemble. JE T'AIME !

À Michel Legrand… Quel bonheur et quel privilège que de vous compter comme ami, je remercie le ciel d'avoir, avec vous, goûté à une si grande et si magistrale musique. Chaque mélodie que vous avez si brillamment écrite résonne chez moi comme un message de passion, d'acharnement, de travail et de rigueur, et c'est là le plus grand héritage que vous léguez. Merci pour les paroles touchantes que vous m'écrivez au début de ce bouquin… vous m'avez fait pleurer. Merci, Catherine, le respect que j'ai envers vous n'a d'égal que celui que je porte à votre homme.

Merci à mes parents, vous m'avez donné la vie et des leçons de courage, de force, de persévérance et de confiance ; je me suis armé de ces atouts et je me suis lancé dans l'aventure de la vie avec conviction et foi ! C'est grâce à vous et je vous en REMERCIE ! Je vous aime de tout mon cœur. Soyez bénis !

Merci à tous ceux qui sont passés dans ma vie, à toutes les personnes qui ont, quelque part, joué un rôle dans mon cheminement personnel et professionnel. Vous êtes trop nombreux pour que je vous énumère tous, mais sachez que je me souviens de vous, tous autant que vous êtes, et que j'éprouve un profond respect pour vous et pour tout ce que vous m'avez appris. MERCI !

Merci à mes collaborateurs actuels, à tous ceux qui ont travaillé à ce livre afin de le rendre possible : Marc Gervais, Marilou Brousseau, Michel Ferron, Michel Gratton, Michel Cloutier, Stéphane Lamontagne, Olivier Lasser, Manon Martel, Monique Duchesneau, Narimane Doumandji, Andréa Joseph et Lise Labbé.

Merci au public qui, depuis plus de 30 ans, m'encourage, me soutient, me donne la force de continuer et de me renouveler. Merci à tous ceux qui m'apportent tant de témoignages et qui me nourrissent artistiquement et humainement.

À vous tous, je vous serai éternellement reconnaissant !

MARIO

Si Mario PELCHAT nous parle de son métier, écoutons-le attentivement :

Il le pratique avec tellement de talent, avec un professionnalisme digne des plus grands et avec une telle passion qu'il arrache notre admiration.

Je peux en témoigner.

Si Mario PELCHAT nous parle de ses amitiés, ouvrons grand nos oreilles :

Il est fidèle, il aime profondément ses amis, il est généreux et chaleureux.

Je peux en témoigner.

Si Mario PELCHAT nous raconte les aventures de sa vie de nomade, buvons ses paroles :

Il a parcouru tant de pays (moi, mes souliers ont beaucoup voyagé).

Il a peut-être connu quelques doutes, mais surtout de nombreux triomphes.

Je peux en témoigner.

Si Mario…

Enfin, je suis tellement impatient de lire et de vous laisser lire tout ce que Mario a décidé de vous raconter, que j'abrège ici cette petite introduction en forme de hors-d'œuvre, précédant le plat principal, que cet homme, cette véritable âme québécoise, a concocté pour nous, avec son talent, sa gentillesse, sa simplicité, sa manière de vivre et toutes les surprises qu'un homme si vivant a dû engranger.

Voilà, ouvrons le livre… Régalons-nous…

MICHEL LEGRAND

Avant-propos

En tout temps, l'espoir peut s'enraciner dans nos champs dévastés et s'épanouir au contact de l'amour. Je le sais, je l'ai appris à la dure école, mais aussi à celle des grandes réflexions et au contact de personnes éclairées.

Ce livre relatera une partie de mon parcours, s'attardant aux lieux de mon passé pour en faire renaître autant les joies que les douleurs, témoins précurseurs de mes plus belles leçons de vie. Car comme tout le monde, j'ai connu des périodes difficiles, m'y blessant même à certaines occasions, inconscient des forces qui habitaient mon être profond. Durant cette traversée de zones obscures avec pour compagnons de route le courage, la ténacité, l'intégrité et la détermination, j'ai découvert avec émerveillement qu'en quittant cette obscurité, les cadeaux sont la paix et la joie profondes. Chacun d'eux guide désormais mes pas.

Comme disait un grand sage: « Le problème des hommes, c'est qu'ils négligent leur propre champ pour aller ensemencer celui des autres. » Moi aussi j'ai semé ailleurs, en des terres étrangères, parfois même mauvaises, négligeant d'arroser la mienne régulièrement et de poser des tuteurs de résilience solides. J'ai également pleuré devant les déserts engendrés par mes actions négatives ou mes inactions répetées.

Par bonheur, la vie sait qu'une petite graine semée au cœur de l'espoir peut traverser le béton des adversités, briser l'armure des peurs et des erreurs pour s'élever, fière et noble, dans le matin du renouveau. Au fil de mes expériences et de mon cheminement spirituel, j'ai donc appris à déposer dans la profondeur de mon âme cette goutte de rosée lumineuse : l'amour, à boire particulièrement à l'heure des tourments et des doutes.

Aux périodes les plus sombres de ma vie, aux sempiternels essais et erreurs, aux souffrances criées au ciel et à la terre ont succédé les accalmies, les réconforts, le retour aux valeurs essentielles. Mon arbre de vie a poussé plus vigoureux même si, encore aujourd'hui, il m'arrive de faillir à la tâche, de renouer avec ma petitesse et l'obscurité, de résister à la tombée de quelques feuilles au détour de l'âge. Désormais, je sais que mes racines puisent dans l'essentiel de mes acquis pour nourrir mon être et, du coup, les personnes placées sur ma route.

Dans notre société, certains n'ont qu'un seul but, qu'un seul intérêt à combler, qu'un seul programme secret : « le moi ». Et pourtant, quand le « nous » œuvre, lorsqu'il englobe notre famille, nos amis et nos collègues de travail, nous avançons alors *ensemble,* unis par des liens se solidifiant au rythme des rencontres.

C'est par une persévérance et un engagement soutenu et indéfectible à la réussite de notre vie que, tôt ou tard, nos brouillards se dissiperont au profit d'un regard limpide sur les événements de notre existence. Nous saurons alors que le chemin valait la peine d'être parcouru et que les blessures, les humiliations, les routes encombrées, les désespoirs servaient notre quête du mieux-être et du mieux-vivre.

Si j'avais un souhait à émettre, c'est que ce livre puisse vous éveiller au désir d'ensemencer vos rêves, vos espoirs et vos joies, pour qu'au moment venu, la récolte soit abondante.

Je suis un chanteur, fervent de musique et amoureux des mots, mais aussi un homme doté d'autres passions, d'autres envies, d'autres visions. J'espère que ce récit destiné à votre cœur sera une source d'où pourront naître l'espoir et le désir d'accomplissement. Pour que la vôtre s'épanouisse aux saisons prometteuses de la vie…

Un éveil au Lac-Saint-Jean

Quand je dresse le bilan provisoire de ma vie, des souvenirs clairs naissent dans mon esprit, tandis que d'autres, plus flous, effacés ou embués de larmes, hésitent à rester pour me livrer leur contenu.

De l'époque révolue de mon enfance, me reviennent avec précision des souvenirs de la maison où j'ai commencé ma vie à Albanel, de cette autre résidence où j'ai grandi à Dolbeau-Mistassini, de mes parents, de ma famille, de mes amis, même de ceux considérés à l'époque comme des ennemis.

Mes parents au début de leurs fréquentations.

C'est au Lac-Saint-Jean, berceau de mon enfance, dans l'immensité de ses pittoresques paysages, que Raymonde Gagnon et Réal Pelchat, mes parents, ont tissé leur histoire d'amour. Comme pour bien des couples, ils ont démarré modestement, ont connu les mésententes, des divergences d'opinions, mais aussi les redoux affectifs et la poésie des trêves et des réconciliations.

Dans les dédales de cette existence, de nouvelles vies sont venues prolonger leur amour. Ma sœur Johanne, frimousse adorable, a vu le jour en 1963, me précédant de 11 mois. Moi, bien qu'attendu le 17 janvier 1964, c'est plutôt le 1er février que ma mère a ressenti ses premières douleurs. Admise à l'Hôtel-Dieu de Dolbeau, elle a accouché à 8 h 30 d'un bébé joufflu de 9 livres et 11 onces, soit près de 5 kilogrammes.

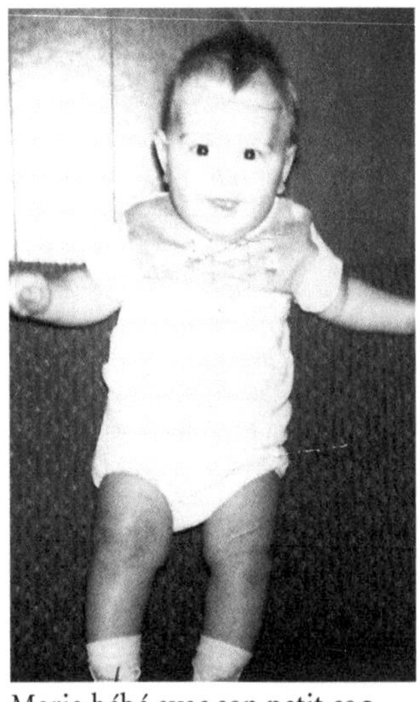
Mario bébé avec son petit coq.

« Il s'appellera Mario ». Ma mère n'avait que ce prénom en tête après avoir vu le film italien mettant en vedette le chanteur Mario Lanza. Elle ne pouvait se douter alors à quel point ma vie serait comme ce long métrage : émouvant, dramatique, divertissant, éloquent et principalement musical. Avec une mère musicienne qui a mis tout son amour de la musique en moi et un père entrepreneur menuisier, mais surtout chanteur à ses heures, s'écrivait mon destin. Accompagné par mon père, je chantonnais déjà *Au clair de la lune* à 22 mois, comme si je me trouvais devant un large auditoire.

On a commencé très tôt, ma sœur et moi, à faire des petits spectacles pour la famille. À 5 ans, lors des rencontres familiales, le soir autour du feu, il y avait toujours maman qui jouait de la guitare, et qui sortait son accordéon, puis ma sœur et moi faisions notre prestation, c'est cela mes souvenirs d'enfance autant du côté des Pelchat que des Gagnon. Par contre, les Pelchat me semblaient plus amoureux de la chanson, c'était plus des *maniaques* de voix, bien que les Gagnon aussi, mais c'était différent en fait, c'était plus des musiciens. J'ai grandi avec les voix de Tom Jones, Engelberg Humperdinck, Elvis, les crooners… C'était ça, plus que

Mario, 1 an, Johanne, 2 ans chez nos parents.

les Beatles, chez nous, mon père n'a d'ailleurs jamais acheté de disques d'eux.

Quand je vois tout l'engouement à propos des Beatles, ou ce que ça suscite chez les gens de mon âge, je suis surpris car je ne connais pas ça. C'est sûr que j'ai chanté *Hey Jude* et *Yesterday*, mais j'ai découvert ces chansons par Elvis et Tom Jones ; *Yesterday*, pour moi c'était une chanson d'Elvis Presley. Mes parents achetaient plutôt des disques de chanteurs à voix. On ne peut pas dire que les Beatles avaient de grandes voix, même si leurs voix étaient particulières et uniques, pour moi ils étaient davantage de grands compositeurs. Mais ce n'était pas ça qui prédominait chez nous.

On a aussi baigné dans la musique de chanteurs de couleur ; ma tante Claire avait des disques de Nat King Cole. Cela m'a grandement influencé à faire partie de la chorale de notre paroisse avec ma sœur Johanne et notre père.

Durant mon enfance, j'étais calme et peu bavard. Je préférais demeurer à l'écart, dans cette famille d'artistes, laissant toute la place à ma sœur Johanne, débordante d'énergie et dotée d'une voix angélique. Malgré sa grande passion pour le chant, chaque matin mon père se faisait un devoir d'aller travailler au chantier, car chaque paye permettait à notre famille de survivre jusqu'à la suivante.

Papa alors qu'il travaille sur la machinerie lourde.

D'une vaillance exemplaire, ma mère, quant à elle, accomplissait les tâches ménagères, soucieuse de rendre sa maisonnée heureuse. Passionnée de jardins potagers, elle plantait ses semences à la saison venue, le cœur et l'esprit joyeux.

Un jour, dans un moment de solitude, une idée me vint à l'esprit. Dans un champ appartenant au voisin, tout au bout de notre terrain, poussaient des arbres sauvages. Avec la permission de mon père, j'allai cueillir un petit arbre, un peuplier selon lui. De tous les arbres de la région, c'est celui qui connaissait la croissance la plus rapide, élément important pour l'enfant que j'étais et qui rêvait d'un compagnon. J'ai planté cet arbre chez nous, au fond du terrain. J'en prenais grand soin. Je l'arrosais avec amour et m'assoyais des heures à ses côtés, lui confiant mes rêves, joies et peines. Il n'était rien de moins que mon ami pour la vie.

Tout près, un petit carré de sable me servait de terrain de jeux. Je laissais libre cours à mon imaginaire créatif, tout en veillant sur mon arbre pour que rien ne lui arrive de fâcheux. Lorsque j'éprouvais un trop-plein d'émotions, de chagrins, d'angoisses, ou que j'étais témoin de tensions entre mes parents, j'avais la conviction profonde que mon ami confident m'écoutait et me soutenait, conscient de mes peines et difficultés.

Quand notre famille déménagea à Dolbeau, ce fut le choc. Je me sentais à la fois triste à l'idée de quitter mon arbre, mais heureux aussi à la pensée de le revoir en allant chez mon grand-père, car nous devions passer devant ce terrain. Chaque fois, je regardais mon ami avec nostalgie et fierté. Il prenait toujours de la maturité tout en se déployant majestueusement. Quelle joie je ressentais d'avoir pris part à sa croissance !

Plus récemment, lors d'une visite au Lac-Saint-Jean, je fus peiné de constater qu'on avait coupé mon arbre. Devant cet acte irréparable, une immense peine m'a envahi et aujourd'hui encore, mes yeux s'embuent de larmes à ce rappel. Peut-être avait-il été inconsciemment le tuteur de résilience sur lequel je m'étais appuyé pendant de nombreuses années ? Tels les sillons visibles à la coupe transversale d'un arbre qui nous renseignent sur son âge et les événements de sa croissance, ma vie portera en elle le moment marquant de cette perte. Je garderai pour toujours en mémoire sa silhouette forte et fière, montant un peu plus haut, année après année.

Notre famille s'agrandit lorsque ma mère accoucha d'Éric mon frère cadet, le 22 mars 1968. Johanne et moi étions émerveillés par ce petit être qui partagerait désormais nos vies, bien que nous ignorions alors que la maladie avait déjà une emprise sur lui. En effet, deux semaines après sa naissance, une grave malformation intestinale entraîna une intervention chirurgicale. D'autres problèmes médicaux tout aussi inquiétants confirmèrent par la suite sa santé précaire. Inquiet de son état, j'étais loin de me douter que l'arrivée de mon frère ferait naître en moi un nouveau sentiment, la jalousie.

Je me sentais vulnérable et envieux devant l'attention continuelle déversée sur Éric. La confusion, la tristesse, la frustration et la jalousie renforçaient en moi cette impression d'être privé de la présence attentionnée de mes parents, plus particulièrement celle de ma mère. Avais-je l'impression de représenter une valeur moindre à ses yeux? Sans doute.

Je n'ai pas investi d'énergie dans ce sentiment douloureux, cette crainte inconsciente d'être écarté. Autour de moi, j'ai souvent vu des personnes mal gérer leur sentiment de rejet, faisant en sorte d'être rejetées avant même de l'être. Cela les conduisait à croire qu'elles n'avaient pas de valeur aux yeux des autres. Le manque, la peur, le vide prenaient alors le contrôle de leurs vies, les empêchant de nouer avec ce qui était bon pour elles. Ayant vécu des humiliations constantes, je sais que nous pouvons perdre confiance en nous. Difficile d'approcher les autres ou de se sentir aimé quand nous sommes enveloppés d'une armure.

Moi aussi, par moments, j'ai été habité par des sentiments de peur. J'appréhendais ma première journée d'école. Suspendu aux basques de ma sœur, que je savais prête à me défendre contre vents et marées. C'est donc empreint de timidité que j'ai franchi les portes de la maternelle de Sainte-Lucie pour amorcer ma vie scolaire.

Avec ma sœur, nous jouions les couples de culturistes ; on voyait bien toute la splendeur de mes muscles, lol…

Ma chère sœur m'avait à l'œil. En plus d'être ma « garde du corps » attitrée, elle me tenait, pour ainsi dire, office d'enseignante. Presque tous les jours, au retour de l'école, elle s'asseyait à mes côtés pour me raconter sa journée et prenait plaisir à me transmettre les enseignements qu'elle avait retenus. Ainsi, je me retrouvais toujours en avance sur les élèves de ma classe, accumulant les bonnes notes, les compliments des professeurs, le respect des écoliers, recevant même en prime de petites étoiles dans les marges de mon cahier.

Enfin le 13 août 1971 vit l'arrivée de mon frère Steve. Déjà plus mature, la jalousie qui m'avait habité après la naissance d'Éric faisait maintenant place à l'euphorie de voir la famille s'agrandir. Mon père entreprit la construction d'une superbe maison, près du centre-ville de Dolbeau, dans laquelle nous avons déménagé au cours de ma quatrième année scolaire. Ce changement ne fut pas sans problèmes d'adaptation, que ce soit à l'école ou dans le rang même où nous vivions…

Dès lors, mon parcours a été ponctué d'incidents, de tragédies, de difficultés qui, à mon insu, allaient façonner l'être que je suis devenu aujourd'hui. À défaut de pouvoir les supprimer comme on le ferait sur un disque dur, j'ai dû les intégrer parfois avec difficulté, il va de soi, mais en cherchant toujours à comprendre leur impact.

À maintes occasions, il m'a fallu me rappeler que chaque pas sur le sentier de mon évolution représentait une occasion d'apprendre de mes épreuves, de mes erreurs, de mes mauvaises perceptions. Pour changer, devenir autonome, faire l'apprentissage de ma liberté, me rencontrer sur de nouvelles bases, je devais m'appuyer sur mes forces intérieures.

Avec le temps, dans ma quête d'équilibre intérieur, j'ai appris à me dégager de certains aspects douloureux de mon passé, pour adopter de nouvelles attitudes me permettant d'aller plus loin, vers le but que je m'étais fixé. Néanmoins, certains souvenirs demeurent toujours présents, tels des cicatrices au cœur et des sillons de plus sur mon arbre intérieur.

À l'enseigne du rêve et de la solitude

En rebroussant chemin, je constate qu'en parallèle avec les trames événementielles de mon histoire, se développait une vie intérieure ; ébauche probable d'une autre plus grande et magnifique à venir. Enfant, même si les portes de la maison demeuraient ouvertes pour parents et amis, je demeurais solitaire.

Je me créais un monde imaginaire dans lequel ma trop grande sensibilité trouvait un refuge sécuritaire. Je m'inventais des amis fictifs, irréprochables, des compagnons de rêve merveilleux. J'étais maître de mon monde intérieur et au cœur de cet espace protégé, personne ne m'atteignait. C'est avec ces copains fictifs que j'apprenais à saisir la réalité et à explorer mes sentiments. Je pouvais tout leur dire sans crainte de représailles, tout comme à mon peuplier, mon ami confident qui

Dans une machine à photos au Continental (grand magasin de l'époque) à Dolbeau.

me permettait de vivre une vie intime, personnelle unique et secrète. Avec lui ou avec mes amis fictifs, la timidité et l'introversion disparaissaient au profit d'une rare hardiesse. Bref, je maîtrisais mon univers.

Toutefois, hors de ce monde illusoire, je perdais cette emprise sur ma vie. La moindre absence de mes parents me faisait basculer. Je me sentais alors seul au monde, envahi d'un immense chagrin. Pire, la gardienne ne se gênait pas pour me maltraiter, souvent sans raison. Même si j'en souffrais physiquement, le plus difficile demeurait la crainte de ne plus revoir mes parents. Cette anxiété s'incrustait en moi et l'attente ressemblait à l'éternité. Quand reviendraient-ils ? Déjà, la peur de l'abandon marquait de son empreinte ma grande sensibilité.

Peut-être que ces sentiments expliquent les raisons des échecs de mes premières aventures amoureuses. Dans un contexte de séparation avec mes parents, les agressions répétées et mal vécues de l'enfance ne pouvaient que laisser des traces, pour la plupart invisibles, guidant inconsciemment mes réactions futures dans certaines situations.

La confiance, chez un enfant, ne se bâtit pas à coups de violence, mais plutôt par des gestes d'amour constants. Peu à peu, se développe la foi en ce qu'ils portent ainsi qu'en leurs capacités d'agir. Cependant, il ne faut jamais oublier que tel un château de sable, la confiance prend du temps à se construire, à façonner notre être profond et à muscler notre assurance dans la vie. Une seule bourrasque, une seule marée, un simple geste malveillant peuvent détruire en un instant ce que nous avons mis du temps à bâtir.

Heureusement, quand des semences positives nous ont permis de goûter aux regards d'appréciation de notre entourage, il est plus facile de retrouver les gestes et les paroles qui rebâtiront cette confiance. Si enfant nous n'avons pas eu cette chance, ne devons-nous pas travailler plus dur pour l'acquérir ? Les possibilités sont là, elles n'attendent que notre éveil et notre bon vouloir pour s'ouvrir à nous, mais encore faut-il soigner la blessure ou les affronts qui nous empêchent de nous abandonner à ce sentiment de sécurité et d'assurance. Un pas à la fois, le regard tourné vers l'avenir...

J'ai mis plusieurs années avant d'acquérir cette confiance, de la construire pas à pas. Sans même s'en douter, certaines personnes autour de moi m'ont aidé à développer mon estime personnelle. À l'école, je n'avais aucun intérêt pour le sport, peu importe lequel. Je me passionnais davantage pour le dessin, la peinture et vous le devinerez, le chant. Dans mon for intérieur, au-delà de la chanson, je rêvais de devenir architecte. Lors des récréations, alors que la grande majorité jouait au ballon ou à d'autres activités sportives, je me retrouvais solitaire, assis à rêvasser ou à crayonner. Dans mon cahier ou sur une feuille de papier, j'improvisais différentes arabesques qui finissaient par former une ébauche ou un dessin, dont j'étais rarement satisfait. Heureusement, cette insatisfaction ne m'empêchait pas pour autant de poursuivre l'exploration de cet art qui fascinait mon imaginaire.

Ma première participation à un concours artistique eut lieu à l'âge de neuf ans. Les jeunes de toutes les municipalités du Lac-Saint-Jean étaient invités à illustrer le Carnaval de Chicoutimi. Sans grande conviction, j'ai présenté une esquisse à mon professeur. Devant sa réaction d'encouragement spontanée, je me suis enhardi. Les jours suivants, après les heures de classe, je me suis mis à peaufiner mon œuvre et, à mon grand étonnement, j'ai remporté le concours. Ce fut ma première heure de gloire : mon « défilé festif » fit la une de tous les journaux de la région. En plus d'être exposé à Chicoutimi, mon dessin me valut la rondelette somme de cinquante dollars. Une reconnaissance assortie d'une fortune, pour un garçon de mon âge.

Avec le recul, je constate que ma confiance s'est développée grâce à l'aide précieuse du même professeur. Ma persévérance m'avait démontré qu'elle pouvait porter ses fruits ; sans doute dois-je ma grande réussite de cette année-là à mon effort soutenu. « La persévérance est un talisman pour la vie », dit-on. Selon moi, la persévérance découle d'une énergie constructive qui n'envisage pas l'échec. J'ai toujours accompli mon travail en faisant preuve de ténacité. Malgré des résultats pas toujours concluants, je progressais dans la compréhension des rouages de mon métier et, surtout, de ma vie. Même si on ne le comprend pas immédiatement, un échec n'est jamais mauvais en soi. Il faut toutefois s'allouer un recul pour en voir les éléments positifs. Le chemin à parcourir est parfois long, très long, mais les résultats sont toujours là en fin de parcours.

Désormais, avec cette preuve inéluctable que la persévérance mène à bon port, je ne pouvais revenir en arrière. Petit à petit, à la période d'insouciance de l'enfance succédait celle de l'adolescence, plus avide d'indépendance et d'autonomie. Sur les bancs d'école, je me concentrais de moins en moins sur l'algèbre, l'histoire et la géographie, pour rêvasser, m'imaginant sur de grandes scènes où Johanne et moi pourrions performer devant un grand public. Mes notes, elles, dégringolèrent, mais jamais au point de me voir recaler.

À l'adolescence, mon problème de surpoids ne me plaisait pas du tout. Même si je n'avais pas développé de complexe, cet excès m'empêchait de me sentir bien dans ma peau. Certaines personnes ne saisissent pas que l'embonpoint, léger ou excessif, ne détermine pas la qualité, les valeurs, la philosophie de vie d'un être humain, mais révèle un problème sous-jacent bien plus profond. Alors, pourquoi le taxer, l'intimider, rire de lui ?

Depuis toujours, le taxage et l'intimidation sont non seulement présents dans nos écoles, mais aussi subtilement dans nos vies d'adulte. S'en prendre à un autre, sous prétexte d'une différence ou d'un handicap, démontre davantage la faiblesse de celui qui utilise ce moyen pour exprimer sa propre frustration ou son impuissance. N'empêche que cette discrimination entraîne des conséquences chez les victimes, et parfois à très long terme.

Peut-être ai-je été chanceux, même si j'ai dû me frotter à quelques durs à cuire dans la cour d'école et dans le rang près de chez nous. Un vague à l'âme m'habitait parfois, caractéristique du rêveur que j'étais, mais je n'éprouvais pas de pensées noires ou obsédantes susceptibles de mener à des maladies psychiques graves, voire au suicide.

Je pense que nous devons faire attention à nos jeunes, les guider vers le bon chemin et leur enseigner les vraies valeurs. Ils grandiront alors droit comme des chênes.

La plantation

La Terre

Elle est la terre, elle est la plaine, elle est le champ.
Elle est chère à tous ceux qui sèment en marchant ;
Elle offre un lit de mousse au pâtre ;
Frileuse, elle se chauffe au soleil éternel,
Rit, et fait cercle avec les planètes du ciel
Comme des sœurs autour de l'âtre.
Elle aime le rayon propice aux blés mouvants,
Et l'assainissement formidable des vents,
Et les souffles, qui sont des lyres...

VICTOR HUGO (EXTRAIT DE *LA LÉGENDE DES SIÈCLES*)

Mon rêve d'adolescent, du chanteur en devenir

Nous sommes souvent dirigés vers différentes trajectoires pour actualiser notre potentiel et notre talent. Je crois que Dieu a des plans pour chacun de nous, mais qu'Il nous laisse le libre arbitre. Mon rêve de devenir architecte ne devait pas être aussi fort que celui de devenir chanteur, sinon j'aurais choisi la première profession. Ne pas suivre la voie que mon cœur me dictait aurait peut-être fait de moi un homme aigri, déplaisant, voire invivable… et de ces gens, malheureusement, il y en a trop.

Avant même d'embrasser mon choix de carrière, j'avais déjà, et de manière instinctive, opté pour la chanson. Aujourd'hui, devenu chanteur et producteur, je sais le courage, les démarches et l'audace qu'il a fallu pour établir mon statut de chanteur auprès du public. Mais dans mon cœur, malgré les déboires, cela ne faisait aucun doute.

Mon premier défi à relever pour assurer ma progression dans ce métier fut mon extrême timidité. Ce sentiment d'insécurité se manifesta particulièrement lorsque mon père m'inscrivit à un concours de chant à Mistassini. En fonction des critères de sélection, je n'avais pas l'âge requis, mais mon père insista pour que je chante, du moins pendant l'entracte, à titre d'invité d'honneur. La suggestion fut acceptée. Quelques minutes avant de livrer ma performance, un trac fou s'empara de moi. À peine sur la scène et déjà couvert de sueur, les paroles de ma chanson disparurent dans un coin perdu de ma mémoire. J'ai alors regardé le sol comme pour y trouver une brèche, pensant peut-être pouvoir m'y enfoncer, voire m'y engouffrer complètement. Mais c'était sous-estimer ma ténacité et ma persévérance.

Ayant repris mes esprits, je me dirigeai vers l'organisateur pour lui demander de reprendre ma chanson. Ce fut sans aucun doute le premier jalon important de ma carrière, celui qui m'a permis de comprendre que j'avais le pouvoir de changer la trame d'un événement. Quelle découverte fabuleuse !

Alors je me suis lancé devant le public avec *La première fois qu'on embrasse une fille*, chanson popularisée par Michel Pilon. Une prouesse qui fut retransmise à la télévision communautaire de la région. C'était d'ailleurs ma « première » véritable prestation sur scène, de quoi rendre fiers mes parents, mes proches et mes amis. J'aurais préféré chanter du Jean Nichol ou du Raymond Berthiaume, mais pour ne pas déplaire à ma mère, il valait mieux désigner les chansons jugées de mon âge. Pourtant, à la maison, je m'époumonais à chanter celles interdites en public, surtout à cause des sujets nécessitant davantage de maturité.

Ma gêne était toujours omniprésente. Du début à la fin de l'année scolaire, malgré les multiples encouragements de ma professeure, Mme Sévigny, je refusai catégoriquement de chanter devant les élèves. Ému par son insistance très respectueuse, pour le dernier jour d'école, je lui écrivis une chanson sur l'air de *Que Dieu protège notre amour*[1], que j'ai chantée devant toute ma classe, pour son plus grand bonheur :

1. Paroles de Thérèse Deroy. Pier Béland et Patrick Norman l'ont popularisée.

Nous vous disons un gros merci
Pour l'année qui vient de finir
Nous resterons de bons amis
Même si nous devons partir
Aujourd'hui pour vous remercier
Nous vous offrons ces quelques roses
Pour votre amour et vos bontés
Et maintenant qu'elles sont écloses
Nous vous disons un gros merci.

Juste avant la messe de minuit, nous faisons partie de la chorale de l'église à la paroisse Saint-Jean-de-la-Croix de Dolbeau.

À notre arrivée à Dolbeau, ma sœur et moi sommes devenus membres de la chorale de l'église. Cette expérience prenante, renouvelée chaque dimanche à la messe, nous fit connaître dans notre patelin et créa des liens encore plus étroits entre Johanne et moi. Encadrés par des parents rigoureux sur le plan musical et désireux de faire croître nos talents pour le chant, nous nous retrouvions à la bonne enseigne. Je ne peux passer sous silence l'influence de Jos Goulet sur mon développement artistique et sur l'affermissement de mon timbre de voix. Cet homme exemplaire, qui dirigeait notre chorale, a su m'insuffler un désir encore plus profond de perfectionner mon art. En ce sens, il mérite mon estime et ma reconnaissance indéfectibles.

Johanne et moi, toujours à nos débuts, avons ensuite commencé à chanter en duo lors de mariages, de funérailles et auprès de personnes âgées dans les résidences d'aînés de Dolbeau. Sentir les nombreux regards de joie et d'admiration ne pouvait qu'intensifier mon désir de suivre cette voie. Cependant, je ne parvenais pas à établir la ligne de démarcation entre le désir d'obtenir de l'approbation coûte que coûte et celui de chanter pour le simple plaisir. Pour moi, les deux allaient de pair. Mais, au fait, je chantais pour qui ? Pourquoi ? J'y reviendrai…

Ma mère devint rapidement une véritable imprésario. Je pratiquais toujours à ses côtés, elle me conseillait sur les tonalités et la justesse de mes performances. Lors de mariages, entre autres, j'interprétais des chansons bien connues, des classiques tels que : *Cet anneau d'or*, de Georges Guétary, *Un amour comme le nôtre*, de Noëlle Cordier ; ou *L'hymne à l'amour*, d'Édith Piaf, par exemple.

Lors de ma dernière année du primaire, j'effectuai un bond prodigieux dans l'apprentissage du métier auquel j'ai adhéré. Ayant désormais l'âge requis, soit 12 ans, ma participation au concours de Mistassini fit naître en moi le goût du défi. Aux préliminaires, je chantai *C'est beau la vie* de Jean Ferrat. Ce fut un succès immédiat pour le jeune garçon rempli de rêves que j'étais alors.

En 1975, au concours amateur à Dolbeau-Mistassini, je gagnerai ce soir-là le premier prix !

Quelque temps plus tard, à la demi-finale, j'interprétais avec une certaine nervosité la chanson de René Simard, *À mon père, mon ami*, que j'offris en hommage à mon père, pour son anniversaire ce jour-là. Puis, à la grande finale, j'ai opté pour *Hernandez* d'Enrico Macias et *Cœur de maman* d'Armand Desrochers, dédiée cette fois-ci à ma mère.

J'ai peine à décrire l'émotion qui éclata en cris de joie dans la salle lorsque M. Duchesne, l'organisateur du concours, fit cette annonce officielle :

« Et le grand gagnant est : Mario Pelchat. »

Les journaux du lendemain me comparaient déjà à René Simard, mon idole. Quel honneur et quelle joie pour le jeune garçon que j'étais, d'avoir réussi à vaincre le trac, la timidité, la peur et l'impossible !

L'année suivante, Johanne remportait le même concours. Étant devenus des célébrités au Lac-Saint-Jean, notre enthousiasme nous incitait à pousser plus loin notre expérience. L'optimisme et les encouragements de nos proches et du public nous motivaient à poursuivre notre ascension.

Les approbations et le soutien sont souvent de puissants leviers de réussite. Aux yeux d'un jeune, un éloge, un compliment, une récompense, une tape dans le dos sont autant de moyens de le soutenir, de le motiver à croire et, surtout, de l'aider à développer et à renforcer sa confiance. Avec de l'encouragement, les défis considérés comme irréalisables deviennent possibles. Mes parents ont été les premiers à me soutenir, à me seconder jour après jour. Je leur dois une fière chandelle. Je me serais peut-être rendu quand même à bon port, mais les tourmentes imprévisibles à surmonter sur cette route auraient demandé plus de temps et d'énergies.

Cela dit, le travail à effectuer pour arriver au sommet d'un art n'est pas toujours facile ; au contraire, il peut même s'avérer des plus exigeants. Fonceur de nature, j'en ai accompli du boulot. Tout ne m'a pas été servi sur un plateau d'argent, croyez-moi. La persévérance, j'y reviens encore, la ténacité et l'acharnement positif ont grandement contribué à ma réussite et à mon bonheur. Ils sont les moteurs de toute profession et de toute aventure relationnelle.

Évidemment, les encouragements ne peuvent avoir une portée significative si une personne n'aspire pas à chanter, si elle hésite à prendre les mesures qui lui permettront d'obtenir le succès ou encore si elle se laisse envahir par toutes sortes d'émotions négatives. Au départ, sans ces soutiens, il m'aurait sans doute été plus difficile de croire en ma valeur, en mon talent musical. Ma mère avait une vision claire pour Johanne et moi. À sa manière, elle nous stimulait constamment et nous épaulait dans la réalisation de notre rêve. En secret, elle adressa même une demande aux recherchistes de l'émission *L'École du music-hall*, animée par André Richard, pour que j'y participe. En matière de production télévisée, c'était la tribune qui procurait la plus grande visibilité aux jeunes talents du Québec. En quelque sorte le *Star Académie* de l'époque, mais à petite échelle.

En direction de Montréal avec nos parents, Johanne nous accompagnait, mais n'avait nullement l'intention de participer. Je me retrouvai donc seul, à l'audition, à chanter *Bozo* de Félix Leclerc. À la fin de ma prestation, Johanne annonce à l'équipe du plateau qu'elle chante, elle aussi. Soudain, tous les intervenants de l'émission se tournent vers elle et nous demandent: « Chantez-vous en duo ? » Nous leur répondons *oui* et ils manifestent alors le désir de nous entendre.

Comme nous n'avions pas de partition musicale pour une chanson à faire ensemble, mon père se précipite chez Archambault afin d'en acheter une où il trouve *Vois comme c'est beau* et *La complainte du phoque en Alaska.* À son retour, le chef d'orchestre fait photocopier les partitions, nous nous exécutons, et les recherchistes, comme tout le reste de l'équipe, nous proposent de rester pour participer à l'enregistrement de l'émission diffusée le dimanche suivant. Nous chantâmes en duo *Vois comme c'est beau* tandis que Johanne interpréta en solo *Ma mélodie d'amour* et que je repris le succès *Bozo,* de Félix Leclerc. Notre performance remarquée nous valut un retour à TVA en 1977, toujours à *L'École du music-hall.* Nous avons alors chanté *La complainte du phoque en Alaska.*

Ce petit geste de ma mère, qui aurait pu se révéler anodin, fut un véritable déclencheur. Le rêve, un peu flou avant sa concrétisation, devenait maintenant tangible grâce à la présence, à la vivacité d'esprit, à la persévérance et surtout, à la foi et l'amour d'une mère. Avant même sa manifestation concrète, elle « voyait » déjà toute la beauté de notre talent et ne reculait devant aucun obstacle pour faire de notre passion une réalité.

Mes parents ne se laissaient pas influencer par le monde extérieur, mais bien par ce qu'ils portaient à l'intérieur d'eux-mêmes : leurs convictions profondes leur servaient de guides. Loin de se contenter de pensées ordinaires et limitées, ils voyaient grand et je pense que tout talent mérite d'être soutenu ainsi pour éclore dans la confiance et la certitude, avec vision.

Ce n'est pas tout le monde qui a obtenu un tel soutien inconditionnel et la chance d'être orienté et aidé adéquatement dans sa vie. Sans aide, tout n'est pas perdu d'avance, mais il nous faut alors puiser en nous-mêmes cette capacité de « voir plus loin ». Il faut briser la chaîne de nos croyances erronées pour s'accorder le privilège de poser un pied devant l'autre, à notre rythme, le regard droit devant, vers notre destination, en toute confiance, même si dans l'adversité cette confiance risque d'être mise à l'épreuve. On doit entourer ses désirs de pensées stimulantes afin d'éviter les écueils de pensées négatives du genre : « je n'y arriverai jamais », « je ne suis pas assez bon » ou « personne ne reconnaîtra mon talent ».

Se relever et contempler l'avenir, tout en restant centré sur les demandes du présent, voilà une attitude gagnante. Elle dictera mieux que quiconque les actions à accomplir pour atteindre notre objectif de vie.

Concrètement, il ne faut pas hésiter à s'entourer de gens qui reconnaissent notre potentiel et qui ont le goût de nous aider à franchir toutes les étapes vers l'actualisation de notre désir. La meilleure façon de savoir si nous marchons dans les traces de notre destinée demeure cette joie ressentie dans l'accomplissement de l'œuvre. Bien sûr, tout ne se métamorphosera pas comme par magie. Il y aura encore des obstacles, des contrariétés, des résistances, des empoignades avec les autres et soi-même. L'important est de résister aux pensées défaitistes telles que : impossible, jamais plus, pas capable. Car alors celles-ci dirigent nos pensées.

Bien sûr, nous portons tous un rêve au creux de nous, mais si nous n'avons pas le talent, à quoi bon s'entêter, s'acharner ? Nous ne pourrons que souffrir davantage devant les portes qui se fermeront sans cesse devant nous, puisque personne n'osera vraiment nous dire la vérité. Nous devons d'abord nous faire face, nous interroger sur notre véritable talent et ne pas pousser dans cette voie, au risque de grands désappointements. Par contre, si le talent est présent, nous devons faire de notre mieux pour arriver à nos fins.

La participation de mes parents, de même que celle de mes proches, à l'essor et au développement de ma carrière, n'a pas de prix. Nous sommes une famille tissée serrée au fil des ans avec habileté, et quand il faut se tenir les coudes et s'entraider, il n'y a rien à notre épreuve. Mes mentors personnels ou professionnels m'ont aussi tendu la main. Je ne les oublie pas.

Les différentes actions entreprises plus particulièrement par ma mère m'ont amené à des apparitions publiques de plus en plus prestigieuses, dont celle au Salon L'Univers des Jeunes de Québec. L'animateur André Richard, un homme qui avait aussi le don de nous inciter à persévérer, encourageait notre démarche.

Voyant en Johanne et moi un potentiel artistique lucratif, un producteur voulut un jour nous prendre sous son aile. Ma mère, toujours attentive à notre bien-être, refusa de signer son contrat. Une clause stipulait que nous devions vivre à Montréal. Pour ma mère, il était hors de question de brûler les étapes et encore moins de laisser ses deux préadolescents loin de la famille, dans une grande ville, sans repères.

Avoir une vision suppose aussi de la vigilance. Il ne s'agit pas d'accepter sans discernement toutes les offres qui se présentent, croyant ainsi atteindre plus rapidement notre rêve. Notre premier engagement professionnel fut donc à l'Auberge des Chutes à Val-Jalbert, les jeudis, vendredis et samedis soir, sous la présence assidue de ma mère et du gérant de l'établissement, M. Villeneuve. Mon père, retenu par son travail, venait surtout les week-ends.

En spectacle à l'Auberge des chutes de Val-Jalbert en 1978.

Au fil du temps et malgré les réticences légitimes de nos parents, toujours inquiets de trop nous pousser, nous nous sommes produits sur bien des scènes, dans des cabarets et de grandes salles de spectacles de la région du Lac, à Mistassini, Chibougamau et ailleurs.

De son côté, ma sœur Johanne se sentait de moins en moins à l'aise dans ce style de vie. Ce n'est pas que la chanson lui déplaisait, mais s'astreindre à des tours de chant tous les week-ends ne la

Chez Trottier à Dolbeau-Mistassini en 1978.

rendait pas heureuse. Aussi, le métier de secrétaire médicale l'attirait fortement. Elle souhaitait consacrer plus de temps à sa vie privée, sans avoir à rendre compte de ses faits et gestes dans les journaux. Elle subissait déjà le prix d'une certaine célébrité. Johanne n'excluait pas totalement sa passion pour le chant, mais elle lui apportait désormais un bémol : « Je préfère encourager mon frère à chanter. Il éprouve un grand désir à se tailler une place dans le *show-business*, alors que mon intérêt se dirige ailleurs, loin des projecteurs. »

J'ai 15 ans, j'ai besoin de photos pour trouver du boulot dans les bars. Je me fais photographier à Dolbeau, quel look !

La célébrité, la perte de son intimité et de son anonymat l'effrayaient davantage que le plaisir de monter sur une scène et de chanter avec toute son âme et sa sensibilité. La vie allait lui réserver de grandes épreuves.

Au temps de l'épreuve

« En ce triste monde qu'est le nôtre,
Le chagrin vient à tous,
Et il est accompagné souvent d'une cruelle souffrance
Un véritable soulagement n'est pas possible,
Sauf avec le temps.
Vous ne pouvez pas croire, en ce moment,
Qu'un jour vous vous sentirez mieux,
Mais cela n'est pas vrai.
Il est certain que vous serez de nouveau heureux.
Savoir cela,
En le croyant vraiment,
Vous rendra moins misérable en ce moment.
J'ai vécu assez d'expériences
Pour faire cette déclaration. »

Abraham Lincoln

À la suite de nos nombreuses apparitions médiatiques et scéniques, ma sœur et moi formions désormais le couple de la chanson au Lac-Saint-Jean et, de plus en plus, partout au Québec.

Nous étions reconnus et aimés. De temps à autre, Johanne évoquait un mal de genou, surtout lorsqu'elle montait les escaliers de la polyvalente Jean-Dolbeau que nous fréquentions. Son peu d'insistance à cet égard nous laissait croire à un mal sans conséquence.

Sa souffrance physique n'empêcha pas ma sœur de se lancer avec moi, en 1979, dans un opéra rock où nous devions nous illustrer par le jeu théâtral et le chant. *Jésus parmi nous* – un jeu biblique en 14 tableaux – regroupait une cinquantaine de participants, dont le comédien Michel Dumont qui personnifiait Dieu (ses interventions étaient préenregistrées). Johanne et moi jouions les rôles d'Ève et d'Adam. Après quelques représentations dans les églises de la région, la troupe commença à être de plus en plus ovationnée par les gens et encensée par les critiques. Un véritable succès au Saguenay – Lac-Saint-Jean !

Comme si la fatalité annonçait déjà ses couleurs, Ève (Johanne) donnait la réplique suivante à Adam (moi) :

Un jour viendra, le Seigneur me prendra
Pour me conduire au festin de la gloire.
Pourquoi m'oublierais-tu, toi, le Seigneur de ma vie ?
Un jour viendra, le Seigneur me prendra
Pour me conduire au festin de la gloire.

Le dernier soir de la tournée, à l'église Saint-Georges de Jonquière, nous étions assis sur le sol, recroquevillés sur nous-mêmes dans nos longues robes blanches, comme l'exigeait la scène d'ouverture. Quand la musique se mit à retentir dans les haut-parleurs, Johanne se pencha vers moi et, d'une voix plaintive, chuchota à mon oreille : « Mario, j'ai mal à mon genou. »

Je ne pouvais me méprendre sur le ton de sa voix ; elle éprouvait une intense souffrance. Malgré ses larmes de douleur, elle a tenu bon le reste de la représentation, en se déplaçant difficilement sur la scène. Je salue encore son grand courage qui ne s'est pas démenti du début à la fin.

Comment oublier dans l'auto, sur le chemin du retour à la maison, l'image de ma sœur qui pressait son genou contre sa poitrine pour atténuer son mal? Peut-être pressentait-elle déjà que ce mal cruel ferait basculer sa vie. Pouvait-elle se douter, à ce moment-là, des souffrances qui l'attendaient?

Ses larmes, impuissantes à apaiser sa douleur et à lui procurer le réconfort tant souhaité, se répandaient sur elle, humectant ses vêtements.

Dès le lendemain matin, commença la ronde des grands spécialistes pour déterminer le mal dont ma sœur souffrait tant. Notre inquiétude frôlait le paroxysme, comme si nous, les membres de ma famille, étions en apnée, au bout de notre respiration.

Les radiographies ne mentaient pas. Johanne souffrait d'un mal, sans nom pour le moment, mais d'un mal certain. Une biopsie fut pratiquée quelques jours plus tard, à Alma.

Ceux et celles qui connaissent les affres et les inquiétudes éprouvantes de l'attente d'un résultat de biopsie peuvent comprendre le sentiment qui nous habitait tous; cette souffrance indicible devant des heures interminables qui défilent avec leur cortège de scénarios allant de l'optimisme, mais plus souvent, au pessimisme.

Le verdict tomba comme un couperet, annihilant, d'un seul coup, l'espoir d'un retour à la santé de ma sœur.

« Madame Pelchat, votre fille Johanne souffre d'une tumeur cancéreuse au fémur. »

Choc. Incrédulité. Déni. *Non, c'est impossible! Le médecin doit faire erreur,* pensa-t-elle.

Aussitôt avisé, mon père revint de toute urgence du chantier. Atterré par cette nouvelle désolante, il s'effondra en pleurant dans les bras de ma mère, communiant à son propre désarroi.

Le lendemain, à l'église, se déroulait la confirmation de mon frère. L'atmosphère revêtait une certaine étrangeté, aiguisant davantage notre conscience de l'absence de Johanne. À peine la cérémonie terminée, nous nous sommes précipités au chevet de ma sœur. Bien qu'encouragé par ma présence, mon père tremblait de crainte. Il discutait de l'état de sa fille auprès d'un médecin quand ce dernier le regarda droit dans les yeux avant de lui signifier d'une voix navrée :

« Monsieur Pelchat, nous ne pouvons vous cacher l'état très inquiétant de votre fille. Elle devra être hospitalisée à Québec. Sa jambe nécessite des soins urgents et particuliers que nous ne pourrons lui assurer ici. »

Cette déclaration du docteur fit le même effet à mon père qu'un coup de masse asséné sur la tête. Il en tituba de douleur, saisissant davantage la gravité de l'état de santé de Johanne. Cette information, en fait, ne s'avérait qu'un prélude à la révélation suivante, qui nous cloua sur place. Sa tumeur pouvait-elle être traitée ou, au mieux, guérie ? Mon père reçut cette réponse :

« Malheureusement, j'ai bien peur qu'il faille songer à une "possible" amputation pour le bien-être de votre fille. »

Moi-même, je pouvais difficilement contenir l'émotion grandissante qui m'assaillait. *Quoi ! Ma sœur amputée ? Nooooon…*

Lorsque mon père revint dans la chambre de Johanne, ma mère le fixa sans arrêt, comme si elle savait d'emblée ce qu'il ne pouvait pas annoncer devant sa fille. De toute façon, il n'était pas question de révéler quoi que ce soit à Johanne. Nous devions lui donner un répit, elle qui souffrait terriblement, autant physiquement que psychologiquement. Lui annoncer une hypothétique amputation ne l'aiderait certainement pas à trouver en elle plus de force dans son combat contre la maladie. Quand elle apprit son diagnostic, Johanne, le cœur en charpie, éclata en sanglots. Dans son journal personnel, qu'elle nous remit par la suite, elle mentionnait :

> C'est moi, Johanne; j'ai fini par me sécher les yeux et par retrouver mes idées. Aujourd'hui, je reçois beaucoup de visiteurs et des cadeaux en abondance. Que je suis gâtée ! Ça me rend de bonne humeur. Pour la première fois depuis jeudi, je sors de ma chambre en fauteuil roulant.
>
> Tout allait si bien depuis ce matin, c'est à peine si je sentais ma jambe, quand le spécialiste s'amena pour me confirmer la triste nouvelle de mon départ pour Québec, à cause d'une tumeur cancéreuse. C'est le comble ! J'étais brisée et je croyais que jamais plus je ne pourrais m'arrêter de pleurer. Par chance, une de mes tantes, Louisette G..., s'est amenée et m'a redonné courage. Je sais qu'elle a été touchée par le cancer elle-même et qu'elle s'en est sortie avec le secours des spécialistes; pourquoi pas moi ?... Il faut que je passe au travers. Il le faut ! [...]

À l'Hôtel-Dieu de Québec, Johanne reprenait quelque peu vie. Malgré un sourire qui fleurissait timidement sur ses lèvres, je la regardais, soucieux et me doutant bien qu'elle savait l'importance du mal qui la rongeait. Elle n'en connaissait peut-être pas toutes les manifestations, mais sûrement assez pour comprendre les conséquences pour son avenir.

> Ce soir, je prie Dieu de me redonner du courage. J'ai l'impression de jouer aux échecs avec mon destin et je crains que l'imprévisible mette fin au jeu sans crier gare. Pourtant, il faut que je m'accroche : ça s'appelle CONFIANCE ! Il faut que je croie jusqu'à l'absurde : ça s'appelle : FOI.

Les jours suivants s'assombrirent de plus en plus pour elle. De jour comme de nuit, elle n'était à l'aise nulle part : l'hôpital, son fauteuil, son lit… Atterrés, nous avons dû reprendre le chemin vers Dolbeau, l'abandonnant bien malgré nous à sa souffrance. Pour maman et papa, il fallait s'occuper de la famille, d'autant plus que nous comptions une nouvelle sœur. Karine vit le jour peu de temps avant la catastrophe qui s'abattit sur Johanne.

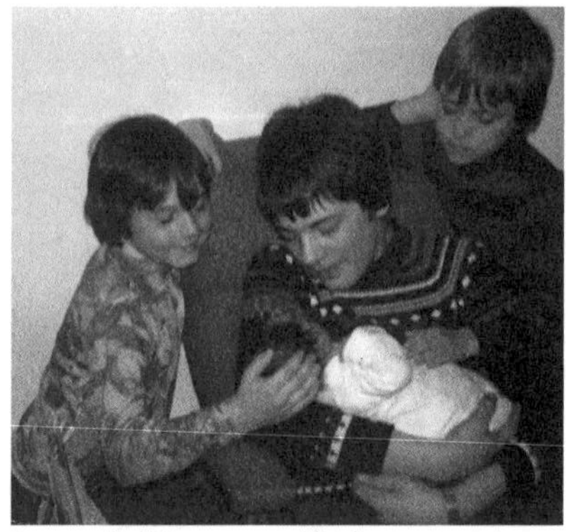

Les trois frères avec Karine, notre jeune sœur, nouvellement arrivée dans la famille.

Ce n'est que le lendemain, en se retrouvant seule, que la triste nouvelle lui fut annoncée avec précaution par ses médecins.

Elle nota dans son journal, à la date du mercredi 30 mai :

On frappe à la porte.

« Entrez… »

Ce sont les docteurs B… et H… qui viennent pour m'apprendre ce qu'il leur reste à faire pour ma jambe.

« Allez, dites-le, je veux savoir.

– Johanne, nous n'avons pas le choix, pour votre survie, nous allons devoir vous amputer…

– Quoi ! »

N'est-ce pas atroce, j'ai joué à pile ou face ; la jambe ou la vie ?… Mon cœur voulait se fendre. Avez-vous jamais pensé une minute si ce choix terrible vous était proposé… ?

À mon âge ! Ne suis-je pas trop jeune pour faire des arrangements avec la mort ? Est-ce possible que vendredi, lorsque je m'éveillerai, je me verrai avec une seule jambe ? Dites-moi que je rêve, faites quelque chose ! Unijambiste !… Pensez-y bien, ça va prendre du temps avant de tout pouvoir faire ce que je veux. Danser deviendra difficile, courir aussi, marcher aussi. Ce sera comme ça pour la vie… la vie!

Peut-on décrire le désespoir, l'impuissance devant une maladie qui dévore de l'intérieur au point de devoir enlever un membre à quelqu'un qui vous est aussi cher que vous-même, à ma complice de tous les instants?

Impossible.

Les médecins avaient jugé sage de lui communiquer le verdict après notre départ pour éviter les pleurs de la famille devant Johanne. Elle appela à la maison totalement ravagée. J'ai pleuré. J'ai pleuré à l'idée de la douleur intense que son cœur devait éprouver, de ses espoirs déçus. J'ai aussi pleuré devant le désarroi de mon père et, surtout, celui de ma mère. Les flots de douleurs qui envahirent alors la maison sont difficiles à décrire. Ce qui ne s'avérait qu'une possibilité devenait une réalité incontournable.

Les scènes de souffrance, dont j'ai été témoin ce jour-là, m'ont marqué au fer rouge et je tremble encore d'émotion en me les remémorant. Certes, j'étais sensible à la douleur de ma sœur devant son effroyable destin, devant mon père complètement démoli, mais voir une mère pleurer, c'est comme découvrir la véritable détresse de l'être humain. Rien n'est comparable à une mère qui pleure le sang de son sang. Rien ne dévaste autant cœur, ventre, esprit et âme…

Le 1er juin 1979, Johanne fut amputée de sa jambe. J'anticipais déjà ma réaction. Devrais-je ou non regarder l'espace vide où se trouvait sa jambe auparavant? Pour ma sœur, qui reprenait ses esprits après l'anesthésie, il n'y avait là qu'un lamentable trou béant. Malgré notre bonne volonté de ne pas regarder, nous ne pouvions voir autrement, nous aussi, sans le dire, le sort impitoyable déversé sur elle. Nous avons rapidement porté notre attention sur Johanne, lui mentionnant avec douceur que la perte d'une jambe ne lui enlevait pas sa bonté, sa douceur, sa gentillesse, sa liberté d'esprit… qu'elle continuerait d'être une perle de vie à nos yeux ! Avec la force et la détermination que nous lui connaissions tous, nul doute, elle franchirait avec succès chaque étape de sa nouvelle condition.

Une admiratrice lui remit un poème qu'elle avait composé, ce qui toucha ma sœur au plus haut point :

C'était hier, seize ans à peine
À ton baptême, Dieu te combla
De son amour, petite reine,
Puis, chaque jour, oui, pas à pas.

Telle une étoile filante,
Tu paraissais devant nos yeux,
Portée par la joie de vivre, rayonnante
Tout à tes yeux semblait merveilleux.

Aujourd'hui, comme un oiseau blessé
Là, tu t'abandonnes en espérant
Inerte, sur ton lit blanc,
Mutilée, pauvre petite enfant.

Petite fleur à peine éclose,
Déjà l'épreuve si lourde pour toi,
Nous fait frémir et bouche close,
Tous nos regards pointent vers la croix.

Lève les yeux, regarde-le,
Dans ta souffrance, il te sourit
Les bras ouverts, n'attend que toi,
Car pour Lui seul, Il t'a choisie.

Ce chant d'espoir en cette nuit,
Oui, devant toi tout semble fuir,
Te rappellera qu'un soleil luit,
Pour qui dans ses bras vient se blottir.

Pour ton papa, pour ta maman,
Dont cette épreuve ajoute des ans,
Pour ton incomparable frère, Mario,
Qui silencieusement cache un sanglot.

Et pour Éric, Steve et Karine,
Ils sont si jeunes, ils ont besoin
D'une grande sœur tendre et câline,
Semant des roses sur leur chemin.

À ton retour, brune fauvette,
Malgré les vents, malgré la pluie,
Tu reprendras ta chansonnette,
Pour disperser l'ombre de nos nuits.

Et le bonheur refleurira,
Tu es si jeune ; pour toi, la vie,
Te comblera plein ses deux bras,
De tout l'amour de tes amis.

Dans la chambre de Johanne, remplie de fleurs et de lettres d'encouragement, on retrouvait aussi la mienne, écrite d'une main tremblante :

Ne te décourage pas, je sais que tu vas t'en sortir, regarde Jocelyne F… la femme d'Éric P… Elle a eu la même chose que toi et elle en est guérie. Peut-être qu'elle boite un peu, mais est-elle malheureuse ? Non, elle prend la vie du bon côté, elle a un bon moral, un peu comme le tien. Si tu veux, tu seras capable de surmonter ce mal. Ma tante Louisette G… s'en est tirée, elle, en se disant: « Y a rien là ! »

En tout cas, les Pères Trappistes, les frères du Juvénat, Fleurette G… toutes tes amies et bien sûr moi, on prie très fort et tout spécialement pour ta guérison.

Si tu savais comme je voudrais être à ta place, il me semble que ça ne me ferait rien. Ah ! Si tu le prends bien, tant mieux; si tu le prends mal, aie confiance, prie et tu verras que le Seigneur y est pour quelque chose dans cette vie. On a lu un livre de médecine qui disait que les adolescents sont très attaqués par ce mal, mais il disait aussi que ça se guérit très vite; remonte-toi le moral, tu verras tout ira bien.

Récite cette prière: « Seigneur, je ne suis pas digne de te recevoir, mais dis seulement une parole et je serai guérie. »

O.K. Mario xxxx

P.-S. : Je viens de m'apercevoir combien je t'aime.

Deux jours avant le 50e anniversaire de mariage de mes grands-parents, Johanne sortit de l'hôpital. Durant la cérémonie religieuse, elle insista pour chanter. C'était déchirant de la voir quitter son siège sur une jambe et avec ses béquilles afin de se rendre au micro, mais elle n'avait aucunement envie de se faire plaindre. Elle voulait seulement agir comme elle l'aurait fait si elle avait eu ses deux jambes. Elle s'en tira admirablement bien. Elle se donna amplement le droit de célébrer et tous, nous lui avons démontré notre admiration pour sa force et son courage. Elle indiqua au sujet de cette soirée dans son journal :

L'ambiance est chouette et je flaire la goutte de rosée dans le désert de ma détresse. Chers grands-parents, vous êtes des amours d'avoir si bien vécu.

À la maison, Johanne ne cessait de chercher des solutions à sa condition d'unijambiste, sans se plaindre de son sort. Jamais elle n'a reculé devant la tâche à accomplir qu'elle effectuait chaque semaine depuis des années, soit le nettoyage de la salle de bain. Sauf qu'elle accomplissait maintenant cette besogne la porte fermée.

Johanne n'avait que 16 ans, mais en fonction de son âme, je crois qu'elle en avait 35. Elle démontrait une maturité précoce, acceptant sans rechigner les traitements de chimiothérapie, avec tous les désagréments que cela comporte. De plus, consciente que mon père ne pouvait laisser son emploi – lui qui était la seule source de revenu de la famille –, et sachant qu'il y avait de jeunes enfants à la maison qui réclamaient la présence de mes parents, une fois par mois, elle insista pour se rendre seule en autocar à Québec, pour y subir ses traitements.

Malgré tout, le temps n'arrangeait pas les choses. Johanne se transformait en véritable souffrance ambulante les jours suivant sa chimiothérapie. Les effets secondaires du traitement étaient foudroyants : vomissements, fatigue, perte de cheveux, saignements de nez, hématomes, ulcérations de la bouche, diarrhée, diminution temporaire de globules blancs... Le courage en bandoulière, Johanne traversait chaque journée avec détermination, même si elle croulait parfois sous le poids de cette extrême adversité.

Les mois passèrent avec leur lot de joies et d'épreuves. Grâce à la générosité de notre oncle Yvon et de sa famille, elle put les accompagner en Floride pour y retrouver un peu de chaleur et de joie.

Mardi 9 octobre

Ce matin, c'est la plage ! Toute une journée étendue sur le sable de la Floride ! Incroyable ! Pour la première fois de ma vie je me baigne dans la mer. Quelle odeur ! L'eau est salée et tellement bonne, je peux me laisser porter par les vagues, c'est vraiment fascinant.

Son retour à la maison, mais surtout à la réalité, fut brutal. Elle périclitait de plus en plus et semblait savoir pertinemment que la vie quittait peu à peu son corps. Le médecin annonça à mes parents que Johanne n'en avait plus que pour un mois à vivre. Encore une fois, pour ne pas miner son moral, pas question de lui communiquer cette nouvelle désastreuse. Mais ma sœur n'était pas dupe de sa condition.

Le 7 décembre 1979, Johanne me fit le cadeau de chanter au bar Polynésien, où nous nous étions produits à plusieurs reprises. Aux cris d'encouragement soutenus de ses amis, elle s'avança au micro, pleurant à chaudes larmes. Elle interpréta avec émotion *Santa Maria de la mer* de Mireille Mathieu. Le silence qui accompagna sa prestation fut à couper au couteau. Il s'agissait de sa dernière performance devant public.

Un soir, alors qu'elle écoutait *Le monde est stone* de Fabienne Thibault à la maison, elle m'annonça qu'elle avait demandé à notre père de l'amener le lendemain à l'hôpital de Dolbeau. Quelque chose se déchira en moi… Sa souffrance des derniers jours était atroce. Elle n'en pouvait plus de se battre contre le monstre du cancer. Dans mon cœur, un pressentiment se tissait : j'allais perdre ma sœur bien-aimée. Je retins mes sanglots.

La veille de sa mort, alors qu'on la veillait à l'hôpital, une personne est arrivée avec une recette miracle de rognons de castor, qui avait, disait-elle, le pouvoir de guérir son cancer. Nous mettions notre espérance où nous pouvions. Puisqu'elle souffrait désormais d'un cancer à un poumon, j'avais même demandé au médecin de prendre un des miens pour le lui greffer. J'aurais tout donné de moi pour que ma sœur revienne à la santé. « Impossible, m'a répondu le docteur, il n'y a plus rien à faire. »

Ce jour-là, sur son lit d'hôpital, elle en a surpris plus d'un en entonnant *Tu es là* qu'interprète Ginette Reno. Le personnel soignant se déplaça pour venir l'entendre chanter, devant notre famille.

Quand le soir descend sur terre
Quand le feu se noie dans la mer
Quand la peur se glisse dans l'air
Les enfants récitent leurs prières

Quand la pluie frappe aux carreaux
Le brouillard étend son manteau
Quand le vent plie les roseaux
Et qu'au loin s'enfuient les oiseaux

Tu es là, la la la la
Ma lumière, mon soleil à moi
Tu es là, la la la la
Et plus rien ne m'arrivera…

Le 17 décembre, vers 19 heures, durant ses prières, Johanne sembla soudain investie d'une grande lumière intérieure. Elle annonça à ma mère, éprouvée jusque dans les fibres de son être :

« Je suis prête. Le Seigneur peut venir me chercher. »

Un bonheur intense rayonnait sur son visage.

Aux premières heures du matin, son âme glissa en douceur de son corps pour partir vers un ailleurs meilleur. Après huit mois de souffrances, ma sœur quittait notre planète dans la paix et la sérénité. Elle était morte… Comme ce mot est difficile à écrire. Comme il est éternel. Un point de non-retour insupportable.

J'avais pourtant la conviction inébranlable qu'elle allait s'en tirer. Quand on est venu m'annoncer la nouvelle de son décès, à 4 heures moins 20, je me suis précipité à l'hôpital, j'ai retiré la couverture de sa tête et je lui ai fermé les yeux. Toute la journée, je me suis retrouvé dans un état second, à vivre un horrible cauchemar.

Pendant les funérailles, j'allais prendre une bière au bar, à côté du salon funéraire. Je ne parvenais pas à croire à sa disparition. Certain qu'elle m'avait laissé tomber, je me suis lancé dans une consommation plus abusive de drogues. Ma véritable réaction survint toutefois bien plus tard. Comme ce fut difficile ! Je me perdais dans un grand sentiment de rejet. J'éprouvais de la colère contre elle, contre Dieu. J'étais amer… Jamais plus je n'entendrais sa voix, ne recevrais ses bouquets de rires, de chansons, de douces folies… au cœur.

Mon cœur érigea des barricades solides pour m'éviter d'affronter directement la douleur de cette perte. Celle qui, de son vivant, avait été ma protectrice et ma guide, dans les bons comme les mauvais coups, ma compagne des premières heures sur scène…, ma chère sœur complice et quasi-jumelle, avait quitté cette terre pour un monde nouveau, inconnu de moi. Je me sentais abandonné, déserté…

Je n'oublierai jamais l'église de Saint-Jean-de-la-Croix de Dolbeau, bondée à l'occasion de ses funérailles. Comment ai-je réussi à chanter *Toi, le poète* de Ginette Reno, durant l'office ? Heureusement, une amie chanteuse s'est jointe à moi pour me soutenir dans cette épreuve dont je ne saisissais pas toute la portée.

J'ai vu des sapins qui chantent
J'ai vu des oiseaux pleurer
Dans un château bleu
Que l'arc-en-ciel avait oublié

J'ai vu des soleils qui dansent
J'ai vu des lunes glisser
Sur des demi-dieux
Que ta nacelle a fait naufragés

C'est toi le poète qui as su le tisser
Parant la réalité, ce voile léger qui reflète
Tout ce qui est caché
Trop bien tamisé

J'ai vu la fleur qui chancelle
J'ai vu l'océan blessé
Offrir ses dentelles au sable chaud
Couché à ses pieds

J'ai vu des diamants d'orage
J'ai vu des vents déchaînés
Devenir très sages
Sur le lit d'un grand champ de blé

C'est toi le poète qui a su le tisser
Parant la réalité, ce voile léger qui reflète
Tout ce qui est caché
Trop bien tamisé

Je vois ces soleils qui dansent
Je vois ces vents déchaînés
Quand tes yeux m'inventent
Ce grand amour que tu m'as donné
Quand tes yeux m'inventent
Ce grand amour que tu m'as donné.

Durant la cérémonie d'adieu, nous avons retenu notre souffle quand, par des haut-parleurs, la voix limpide et cristalline de Johanne s'est répandue dans la nef pour nous atteindre directement au cœur. Des frissons parcouraient chaque fibre de notre être.

Après son décès, un silence irréel flotta longtemps dans l'atmosphère. Le silence de l'absence. Un trou dans l'espace. Le vide.

Johanne…

Les membres de la famille sont passés par les différentes étapes du deuil, mais chacun à leur façon et à leur rythme. Ma mère, dévastée, sombra dans une profonde dépression qui la confina à l'hôpital pendant un mois. Je perdais aussi ma mère… Mon père, anéanti, gardait le fort, l'œil toujours humide, pleurant parfois toutes les larmes de son corps. Nous étions tous profondément affectés.

La vie a continué son chemin, ponctué de moments heureux et malheureux. Mais au creux de mon être, des questions demeuraient sans réponse: « Pourquoi la vie nous a-t-elle enlevé notre Johanne, si jeune? Où es-tu? Dans quel univers te retrouves-tu maintenant?

Je n'ai pas chanté pendant les cinq mois qui ont suivi son décès. Je m'en sentais incapable. Il en a fallu du temps, avant que la boule logée dans mon ventre se transforme en *un brouillard de larmes qui tourne la page*. Une fois la peine apaisée, je respirai mieux, bien qu'au fond de mon être j'abritais encore une grande tristesse. Je ne suis pas de ces personnes qui s'apitoient longtemps sur un malheur. Peut-être qu'inconsciemment, je m'immunise contre l'enfoncement dans le marasme et la dépression.

J'ai donc poursuivi ma route, en conservant dans les replis de mon cœur cet amour envers ma sœur que rien ne viendra étioler. Mais j'avoue que ma vie d'adolescent rebelle a commencé peu de temps après, comme si elle pouvait jeter un voile d'oubli sur cette séparation brutale et douloureuse d'avec ma sœur.

Les photos et les souvenirs, accumulés au fil des ans, garderont toujours vivante en moi sa mémoire, tissant entre le passé et l'avenir le fil de l'espérance, ainsi que le désir d'aller de l'avant pour améliorer ma vie. Mère Teresa a dit un jour : « Ce qui compte, ce n'est pas ce que l'on donne, mais l'amour avec lequel on donne. » La vie de Johanne sur la terre a été un don d'amour envers les autres. Ses étincelles lumineuses brilleront à jamais en nous.

Chaque réaction à la mort d'un être cher est différente. Jamais je ne jugerai quelqu'un en pareille circonstance, car nous avons tous notre histoire, nos valeurs et notre façon de vivre le départ d'un être cher. Certains se tourneront vers des dépendances telles que le travail, la drogue, le sexe ; d'autres tomberont dans la dépression ou même, opteront pour le suicide, tandis que la plupart traverseront les étapes du deuil. L'important est de retrouver la paix pour que le deuil n'occupe plus une place prépondérante de notre quotidien.

Les différentes étapes, selon les travaux de la psychologue Elisabeth Kübler-Ross, sont : le choc (ou la sidération), le déni, la colère, l'abattement, la tristesse jusqu'à la dépression, la résignation, l'acceptation fataliste, l'accueil ou la résilience. Il est possible que nous restions plus longtemps dans le déni ou la colère, ou encore, dans la tristesse ou la dépression. Le processus de deuil est propre à chacun et demande du temps, du respect, de la compassion envers soi-même et ses proches.

Une démarche thérapeutique devient nécessaire lorsque ce processus ne donne pas d'améliorations ou que la souffrance demeure intolérable, voire paralysante, dans les différents secteurs de notre vie. Il n'y a pas de mal à cela. Je vois un psychologue depuis de nombreuses années, ce qui me permet d'avancer sur mon chemin parfois raboteux, de découvrir mes comportements saboteurs et de guérir mes blessures profondes. Un pas à la fois, toujours en avançant sur le droit chemin… Grâce au soutien extérieur, notre cœur souffrant retrouvera peu à peu son battement régulier, même si les souvenirs d'une vie aimée demeureront toujours quelque part dans nos souvenirs, ineffaçables.

Lors d'un deuil, nos émotions sont exacerbées, bien souvent au paroxysme de la douleur. Avoir une compréhension plus éclairée de nos émotions consiste d'abord à savoir les accepter. Le mot *accepter* ne veut pas dire *subir*, mais bien consentir à ce qui se passe en nous. Quelle est ma réaction? Suis-je triste? En colère? Désemparée? Dans le déni?

Je le sais pour l'avoir vécu, exprimer nos souffrances, mettre des mots sur nos douleurs psychiques, voilà qui n'est pas facile. Personne ne ressent une perte avec la même intensité, ou ne compose de manière égale avec une série de troubles physiques qui peuvent se manifester, lors de cette étape de guérison: pleurs, fatigue, manque de vitalité, manque d'appétit, perte de sommeil, agressivité, apathie, etc.

Je pense sincèrement qu'« écouter » est le mot-clé. Écouter ce que l'on vit en nous. Écouter ce que l'on ressent. Écouter l'autre. Rester présent malgré tout ce qui a été brisé en nous, en l'autre ou autour. Au cœur de la tourmente, il faut surtout se rappeler que l'amour ne disparaît jamais…

L'estime de soi confrontée aux mauvaises terres

Nous avons tous probablement été, un jour ou l'autre, victimes d'intimidation, d'humiliation, de taxage… Je n'ai pas été épargné. Pire, j'ai moi-même voulu démontrer mon ascendant sur plus jeune que moi, sans toutefois verser dans la violence. Il est facile de blâmer les autres de tous les maux du monde, mais qui n'a pas été, une fois, une seule petite fois, soit condescendant, autoritaire, déplaisant, intimidant ou humiliant ? Juste une petite fois ? Et cette petite fois n'est-elle pas à la base d'un comportement qui va à la dérive ? Heureusement, une bonté foncière ramène la plupart des gens dans le droit chemin. Mais le mal a souvent réussi à s'enfoncer dans le cœur de certaines personnes et a commencé à effectuer ses ravages.

Pendant une certaine période de ma vie, j'ai eu tendance à abuser de mon ascendant sur mes frères plus jeunes, fascinés par ma facilité à créer et à bricoler ; j'en profitais pour leur demander beaucoup de petits services et, telles des marionnettes, ils souscrivaient à mes demandes. Quand je m'affairais à fabriquer des objets, je n'avais pas le temps d'aller chercher des ciseaux, alors j'envoyais mes subordonnés. Par chance, ils ont grandi avec le temps, réagissant ensuite à mes demandes exigeantes: « Si tu en as besoin, va donc le chercher toi-même! » Leur réaction a été salutaire autant pour eux que pour moi. Cela me permettait, du coup, d'accepter ce fait: ils grandissaient, ils devenaient plus autonomes et responsables, tandis que j'apprenais à ne pas abuser des autres pour satisfaire mes intérêts personnels, égocentriques. Bref, à respecter mon entourage au lieu de l'asservir.

Même si nous agissons souvent de manière inconsciente, personne n'est à l'abri de ce genre d'erreur de blesser les autres. Lorsque nous prenons conscience de nos comportements erronés, il importe de réagir rapidement pour corriger le tir, pour réparer le mal causé, par des excuses sincères ou des démarches compatissantes telles que: un témoignage, une lettre de réconciliation, une rencontre ou un appel téléphonique. Si, au détour, nous sommes mal reçus ou mal perçus, cela ne nous appartient pas. Nous aurons effectué notre geste en toute bonne foi. Voilà ce qui compte.

Quand nous vivions à Albanel, j'ai subi de nombreuses humiliations à cause de ma personnalité. J'étais un enfant introverti, solitaire, renfermé, lent, rêveur, dans ma bulle. Considéré comme un « garçon à maman », je n'avais pas vraiment d'amis à l'école. Bien que nous fréquentions la même école, mes voisins immédiats étaient bien différents de moi, plus rockers et rebelles. Mon seul vrai copain s'avérait mon arbre.

À la récréation, les écoliers jouaient au jeu très populaire du ballon chasseur. Moi, je m'installais sous la galerie de la cour pendant que l'on formait des équipes. Les railleries ne tardaient pas à fuser et je ravalais ma peine en poursuivant l'exécution de mes dessins. Dans l'autobus je devenais l'objet des risées, on m'appelait: « Pet-chat », « Pet-minou », « Prout-miaou », etc. Ces railleries me blessaient, sans toutefois atteindre mon être profond.

Un jour, à la sortie de l'autobus, les gars du rang m'ont entraîné vers une grange. Leur ruse consistait à se montrer gentils avec moi: «Allez, Mario, viens jouer avec nous. On va se faire du fun.» Je pensais que le vent tournait en ma faveur et qu'ils m'acceptaient enfin dans leur clan. Je les ai donc suivis avec la naïveté de celui qui veut se faire aimer. À peine arrivés dans la grange, ils m'ont tabassé et fait mal en me lançant une grosse pierre du haut d'une remorque.

Heureusement, Johanne avait remarqué mon départ avec eux et décidé d'emprunter le même chemin. Avec sa fougue légendaire, elle les avait chassés et m'avait ramené, larmoyant, à la maison. Même si je vouais une grande reconnaissance à ma sœur pour m'avoir défendu, je ressentais une humiliation cuisante. Le lendemain, l'histoire fit le tour de l'école, empirant la situation. Désormais, dans l'autobus, je n'étais plus la risée d'une petite gang, mais de tout un chacun.

Ce genre d'humiliation m'est arrivé souvent, trop souvent. Pour combattre les rejets à répétition, je me réfugiais alors dans mon exutoire préféré, la chanson. Elle demeurait mon point d'ancrage. Je me berçais de mes rêves et de mes aspirations, conscient de mon potentiel pouvant m'amener vers de hauts sommets. Seule cette certitude d'atteindre la célébrité un jour me procurait le bouclier nécessaire pour passer outre aux affronts et aux insultes. *Attendez! Vous allez voir un jour qui je serai*, ne pouvais-je m'empêcher de penser.

Il existait une différence fondamentale entre Johanne et moi: elle regorgeait de talent en plus d'être très attachante. Même si ma performance vocale demeurait plus importante, son interaction avec le public, sur scène, dépassait largement la mienne. Cette force qui l'habitait, cette facilité à séduire, couplée à sa forte personnalité, lui permettait d'accomplir des exploits remarquables dont me délivrer des griffes de jeunes voyous. Évidemment, quand Johanne et moi avons commencé à être vus à la télévision, les élèves de l'école me jalousaient encore plus et me décochaient à profusion des railleries mordantes. Entre autres insultes, on me disait : « La chanson, c'est pour le petit gars à maman. » Et cela me blessait beaucoup.

À un concours amateur, au moment où le jury me déclarait grand vainqueur, ma mère fut témoin d'une conversation. La mère du deuxième candidat en lice avait ordonné à son fils de me donner un coup de pied. Bon perdant, il m'a plutôt serré la main en me disant : « Félicitations, tu chantes super bien. » Je me sentais vraiment reconnaissant devant la réaction de ce garçon.

Quelque temps plus tard, un gars à l'école qui me détestait au point de vouloir me battre s'approcha de moi. Sa haine à mon égard me semblait démesurée. Je ne lui avais rien fait, ni en actions ni en paroles. Je me méfiais comme la peste de cet être agressif, imbu d'une rare méchanceté. Ce jour-là, plusieurs élèves et lui formèrent un cercle autour de moi. Il voulait s'en prendre à moi avec ses poings. Étant un pacifiste n'aimant ni la bataille ni la violence, je ne voulais pas d'affrontement. Je n'ai jamais frappé personne à l'école, mais cette fois-là, je l'aurais bien envoyé valser sur l'asphalte, mais difficile de jouer au plus fort quand une gang t'attend, menaçante. Il valait mieux garder le profil bas et espérer un miracle.

Ironie du sort, au même moment, mon fameux concurrent du concours passait dans la rue qui longeait la cour de récréation. Voyant l'attroupement dans la cour d'école, il s'approcha, curieux. Grand et musclé, de deux ou trois ans plus vieux que moi, sa simple présence imposait le respect. Me voyant pris au milieu de cette bande hargneuse, il vint à ma défense en administrant un solide coup de poing à mon agresseur. Il le menaça ensuite ouvertement : « Si tu touches à Mario, tu es mort. »

Son geste me remua profondément, car sans lui, j'aurais subi toute une raclée. Cette histoire créa un dilemme en moi : cette situation avait été résolue par un geste de violence similaire à celui qu'on me réservait. Sans cette intervention, je n'aurais pas été délivré de cet individu et nul doute qu'il serait revenu, jour après jour, assouvir sa méchanceté et sa violence sur moi. J'ai compris que devant l'incontournable, lorsque la parole est impuissante à arrêter le processus de violence, le choix ne se pose plus. Il s'agit de survie : c'est notre peau ou celle de l'attaquant.

Avec les années, j'ai perdu de vue mon oppresseur. Vingt ans plus tard, alors que j'étais de passage au Lac-Saint-Jean, j'ai pris un verre avec mon frère, dans un bar du centre-ville. Un gars vint à ma rencontre et me dit avec un sourire béat : « Mario, comment vas-tu ? » Je trouvais qu'il ressemblait à un sans-abri et je ne le reconnus pas immédiatement. Son visage et son corps amaigris faisaient pitié. Lorsqu'il m'a rappelé son nom, gravé à jamais dans mon cerveau, j'ai sursauté et réagi en me fâchant. D'une voix tonitruante, je lui ai envoyé : « Tu as un front de bœuf de venir me parler. Va jouer ailleurs !

– Qu'est-ce qu'il y a, Mario ? me répondit-il.

– Crois-tu que je t'ai oublié ? Tu as tout fait pour me battre, me faire mal, m'humilier à l'école. Rien ne t'arrêtait. Aujourd'hui, parce que je suis connu, tu penses que je vais te donner la main et être ton ami ? Je ne veux rien savoir de toi. »

Mes paroles pleines de fiel amer servaient de douce revanche sur des événements du passé. Des mois plus tard, à l'annonce de son décès, j'ai regretté mon emportement. Son départ m'a causé de la peine. Moi qui avais accompli un travail sur moi-même, qui vivais une vie spirituelle, qui comprenais mieux la souffrance humaine, j'aurais dû en profiter pour que ça paraisse et me montrer bienveillant envers lui. J'aurais dû agir autrement, être un meilleur être humain. J'aurais dû lui pardonner ses erreurs d'ado révolté et blessé qui blessait les autres en retour. J'aurais dû lui tendre la main plutôt que de lui régler son compte en le rejetant et l'humiliant. J'aurais dû…

L'humain, l'hommerie en moi avaient pris le dessus dans cette situation. J'ai déploré de ne pas avoir eu de compassion. Peut-être aurions-nous alors discuté et compris ensemble le pourquoi de sa haine envers moi. Œil pour œil, dent pour dent, telle fut ma réaction. J'étais loin d'être fier de moi.

Dans ma vie, j'ai subi beaucoup d'injustices et d'incompréhension difficiles à pardonner. Les choses qu'on m'a faites personnellement, souvent sans le vouloir, m'ont blessé. Bien sûr, on a affaire à des gens imparfaits, je suis imparfait. J'ai eu et j'ai encore aujourd'hui des moments où je blesse et chagrine les autres. Heureusement, je m'en repens tôt ou tard.

L'humiliation, le mépris et la dégradation laissent des séquelles indéniables sur une personne. Il m'a fallu des années avant de me sentir mieux dans ma peau, avant d'amoindrir les conséquences de ces conduites blessantes à mon égard. J'avais de la difficulté à être moi-même, du moins assez pour me livrer tel que je suis, sur scène comme dans la vraie vie.

Si un événement menace notre intégrité, à l'école, sur le chemin du retour à la maison, chez soi, sur Internet ou ailleurs, il faut absolument s'en remettre à plus sage que soi : un parent, un ami, un professeur, une personne qui a notre confiance. Si nous laissons les événements dégénérer, les risques de détresse peuvent conduire un jeune (et même un adulte dans des situations analogues – car l'intimidation ne se joue pas seulement dans une cour d'école, mais aussi de manière bien subtile dans une relation, au travail, etc.), à développer une très faible estime de lui-même. Les séquelles sont très lourdes et, à la limite, elles peuvent être catastrophiques pour ne pas dire mortelles.

Si un traumatisme perdure, chez un jeune comme chez l'adulte, une démarche professionnelle est recommandée. Le thérapeute leur enseignera des méthodes de dissociation et de dédramatisation qui leur permettront de revivre un événement douloureux en douceur, en apprenant à ressentir l'émotion, graduellement, sans en être submergé. Entrer au cœur de l'événement demande d'être prêt à effectuer une rencontre avec soi-même. Cela entraîne parfois quelqu'un dans des impasses qui nécessitent l'aide d'une autre personne. Il ne faut jamais hésiter à demander un soutien, un appui.

La franchise et l'honnêteté permettent de recouvrer l'estime personnelle que nous avons peut-être enfouie sous les débris de nos peines et de nos souffrances. Il m'en a fallu du temps pour me réapproprier mes valeurs. C'est vers l'âge de 35 ans que j'ai enfin retrouvé la confiance perdue, qu'elle est devenue mon inséparable alliée. Il y a toujours de l'espoir. Mais cela n'a pas été facile.

Au début de ma carrière, les critiques de spectacles me trouvaient empesé, dépourvu de naturel et affirmaient que je *perlais*. Ce commentaire me choquait, parce que je ne «*perlais*» pas. Sur scène comme ailleurs, j'aime m'exprimer en bon français. Mais à l'écoute des enregistrements, j'ai compris que ces gens n'avaient pas totalement tort. Le problème ne se posait pas dans l'expression, dans les mots ou les verbes employés, mais plutôt dans les histoires trop fardées, trop conformes que je racontais à mon public. Ce côté perfectionniste découlait de mon manque de confiance. Je maquillais ma réalité en tentant de revêtir de beauté l'artifice.

Quand mon deuxième album n'obtint pas la même ferveur du public que le premier, bien des gens de ma région croyaient que ma carrière tirait à sa fin. Comme si le fait d'être originaire du Lac-Saint-Jean rendait improbable le succès. Encore là, j'allais prouver «qu'à l'impossible, nul n'est tenu» et travailler encore plus dur pour leur démontrer mon talent et ma capacité de réussir. Cette attitude, même combative et positive, prouvait une fois de plus à quel point je voulais révéler aux autres ma vraie valeur et aussi… éviter le rejet.

Pour mieux comprendre l'attitude que j'ai dû développer, je dois revenir à mes 14 ans, à la suite de la mort de Johanne. Comme je le mentionnais précédemment, j'ai déboulé dans les bas-fonds des brasseries et des discothèques de la région de Dolbeau et Mistassini. Mon adolescence se déroula sous le sceau d'une sourde rébellion, mais tout de même très civilisée comparativement à d'autres plus violentes pour certains jeunes. À cet âge-là, je fumais la cigarette et je provoquais la désapprobation autour de moi en portant les cheveux plus longs que la norme, en me vêtant de chemises en flanelle à carreaux et en portant des bottes à bouts d'acier que je prenais un soin précieux de ne pas lacer. Adieu l'apparence soignée du fils à maman! Bienvenue l'entrée plus négligée dans la vie de jeune adulte! Il s'agissait fort probablement d'un moyen de composer avec la mort de Johanne, mais aussi, d'une poussée pubertaire avec tout ce que cela comporte de changements hormonaux et comportementaux.

Les pièces sombres, les tables de billard, la bière, la musique, les affiches de groupes rock démontraient mon engagement dans une nouvelle bretelle d'autoroute. Une voie où le mot liberté rimait avec *vie de gang* et avec *parfaite insouciance.*

À l'école, je « menais le diable » dans la classe. Mon plus grand plaisir était de faire rire les autres. Je ne manquais pas mon coup. À bout de nerfs, un matin, l'institutrice m'envoya chez le directeur, mais au bout d'un moment, puisque je ne revenais pas en classe, elle décida de venir voir où j'en étais. Elle arriva donc dans le bureau du principal et m'aperçut, les deux jambes bien allongées sur son bureau. Elle me demanda : « Qu'est-ce que tu fais ? » Je lui rétorque : « Le directeur n'est pas là, j'attends… » Elle veut alors que je lui donne le numéro de téléphone de mes parents. Elle appelle donc chez moi et ma mère décroche le combiné pour l'entendre lui dire : « Votre fils, j'en ai 20 pieds par-dessus la tête ! » Et elle raccroche au bout de quelques secondes en disant à maman : « O.K., d'accord ! » Visiblement, ma mère lui a répliqué quelque chose, mais j'ignore ce que c'était. Une fois arrivé à la maison, je demande à maman : « Tu lui as dit quoi ? » Elle me répond : « Je lui ai dit : "Vous êtes bien chanceuse, moi j'en ai 40 pieds par-dessus la tête !" » J'ai vu dans son regard qu'elle n'avait à ce moment-là pas trop envie d'épiloguer sur le sujet et nous avons ri.

À cette époque, je n'avais qu'une seule envie : m'amuser, sans considérer que je pouvais déranger les autres élèves dans leur apprentissage. Je faisais le fou en classe avec mon cousin Luc ; ce qui me valut quelques visites dans le bureau du directeur de l'école. Même si je jouais au dur en mettant mes pieds sur son bureau, l'enfant en moi tremblait de peur. Mes notes se mirent à dégringoler, les professeurs à me réprimander, ma mère à se décourager, et moi, à poursuivre ma descente dans le tunnel de l'indiscipline, de l'insubordination et du désordre.

Un peu inquiets, mes parents ont parlé de ma vie mouvementée à mon grand-père, Joseph Pelchat, dans l'espoir qu'il trouve les bons conseils pour me ramener dans le droit chemin. Rempli de grande sagesse, il leur a plutôt rétorqué avec gentillesse :

Avec mon père et mon grand-père à *Star d'un soir.*

« Laissez-le vivre son adolescence. Il est jeune et nous sommes tous passés par là. Ne vous inquiétez pas outre mesure, il s'en sortira comme nous tous. Il faut lui laisser le temps. »

Plus tard, dans ma vie de chanteur, j'ai honoré mon grand-père en lui composant une vibrante chanson, *Le semeur*. Je voulais souligner le lien unique entre mon grand-père et moi. En plus de jouer un rôle des plus importants dans ma vie, il a servi de tampon dans ma relation échevelée avec mon père. Car malheureusement, chaque parole, chaque demande et chaque geste de papa résonnaient en moi comme des ordres et des commandements. L'autorité me révoltait. J'étais un anticonformiste, un « bum de bonne famille », comme chante Robert Charlebois dans *Les ailes d'un ange*.

Par bonheur, tout adolescent finit par atteindre l'âge adulte et je me suis enfin réconcilié avec mon père. À cette époque, mon grand-père retenait toute mon attention. Cet homme de grande stature fut l'un des défricheurs d'Albanel et de Dolbeau, alors de vastes étendues de forêts sauvages. Pas de routes, que des chemins travaillés à la sueur du front de tous ces bâtisseurs résolus à lutter pour engendrer deux nouvelles villes. Cette poignée d'hommes n'avait que leur courage et leur force pour les porter de l'avant.

Mon grand-père a connu l'époque glorieuse des chevaux et des carrioles, dans ce coin de pays où le froid et le givre régnaient en maîtres durant les longues périodes d'hiver. Les ciels d'été remplis d'étoiles – que nulle lumière dans ce coin de pays en devenir ne pouvait éteindre – enveloppaient leurs nuits de beauté. Étant moi-même fasciné par les étoiles, par temps clair, je peux m'attarder longtemps devant l'immensité céleste au-dessus de nos têtes, qui me rappelle à quel point je ne suis que poussière dans ce vaste univers.

Grand-papa Pelchat a construit sa maison et fondé une famille de 12 enfants avec ma grand-mère Lumina. Il a semé nos racines à Albanel, puis comme un vieux chêne solide, a dominé la forêt avec sa force tranquille, sa joie de vivre, son humour infatigable, son altruisme et son gros bon sens. Jamais il ne s'est défilé devant ses responsabilités. Il a démontré un courage hors du commun dans les épreuves de sa vie, et elles furent nombreuses. *Baisser les bras* ne faisait pas partie de son vocabulaire. Quand le malheur tombait sur lui et sur les autres travailleurs, il se répétait sans cesse : *Vas-y, Joseph, t'es capable.*

À proprement parler, il est quasiment un des fondateurs d'Albanel et de Dolbeau. Lorsqu'il se promenait dans la rue, tout le monde l'appelait « grand-papa Pelchat ». Ses amis ? On ne pouvait pas les compter sur nos doigts tellement ils étaient légion ! Un patriarche noble et heureux ! Chacune de ses paroles et actions nous donnait le désir impérieux de nous surpasser dans tous les aspects de notre vie.

Pendant des années, quand j'avais besoin de parler et de me reposer, nous nous retirions tous les deux dans son vieux chalet de bois rond, perdu au fin fond des bois. À cet endroit, mon grand-père et moi épanchions notre cœur. Nous nous racontions nos aventures et mésaventures, ne négligeant pas les silences, exprimant parfois mieux que des mots ce que nous ne pouvions verbaliser. Ce chalet représentait un lieu sacré pour nous.

Grand-papa m'a légué le plus bel héritage : le désir de donner un sens profond à mon existence. Il a *semé* en moi les germes de la confiance en la vie. Aussi, il a *semé* à tout jamais *l'amour* dans mon cœur, cet amour que, chaque jour, j'apprends à connaître davantage, à faire grandir et à partager. Mon grand-père est le *semeur*…

Il est de ces gens qui laissent des traces
Au-delà du temps
Au-delà du vent qui passe
Il est de ces hommes qui de leurs mains

Ont enfoui dans la terre
Un roseau qui fleurira
Même après qu'il partira
Car plus fort que l'hiver
Il survivra

Son cœur a souvent pansé ses chagrins
Quand des jours plus gris
Menaçaient ses lendemains
Mais il a connu pour comble d'amour
Une perle, une femme
Un soutien pour ses vieux jours
Un appui lorsque les drames
Viendraient les saccager au détour

Le semeur a ses rêves
Qu'il emporte avec lui
Une veine, une sève
Où l'on s'abreuve aussi
Pour autant qu'il demeure
On vivra à travers lui

Contre toute attente il ne voudra croire
Que d'un grain qu'on plante
Ne naîtra que peu d'espoir
Il n'écoutera pas ce que diront
Sa foi, sa raison
Les saisons ne pourront pas
Contrer l'ombre de ses voies
Pas plus le sillage de ses pas

De c'qu'il a laissé de c'qu'il a semé
Il le sait déjà

Pour d'autres on moissonnera
Mais de son passage il aura goûté
De son héritage
Pour ses enfants, il vivra
Dans son jardin, il sera
La chanson du semeur restera

Pour ses enfants, il sera
Dans son jardin, il vivra
La chanson du semeur restera.

J'ai commis encore quelques gaffes avant de mettre fin à mes comportements quelque peu destructeurs et de m'assagir. Un soir de tempête, frigorifié, j'ai « emprunté » un camion dont les clés se trouvaient dans le contact, pour me rendre à la maison. J'ai abandonné le camion derrière un magasin près de chez moi pour poursuivre ma route à pied. Bien qu'on l'ait retrouvé et rendu à son propriétaire, cette bravade et les conséquences qui s'ensuivirent, me servirent de sérieux apprentissage, mais jamais autant qu'un autre événement, qui mit un terme définitif à mes comportements malsains.

Un jour, un de mes amis et moi avons décidé d'aller célébrer la Saint-Jean-Baptiste au Club des Vans. Pour nous y rendre plus vite, il décida de voler une voiture. Mon cœur s'emballa de peur comme un cheval au galop. Pour ne pas passer pour un trouillard, je donnai mon accord à ce délit.

Dans la voiture, ma nervosité atteignit son paroxysme à la vue d'un barrage policier au loin. Sans savoir qu'il avait été érigé pour un accident, il ne nous en fallut pas davantage pour rebrousser chemin à grande vitesse et nous engager sur une route de terre. Dix minutes plus tard, l'auto s'embourbait après avoir « pris le clos ».

Malgré nos efforts conjugués pour la dégager de la boue, et comme pour nous punir de notre méfait, nous étions incapables de la bouger. Devant ce fait, notre colère décupla et en moins de deux, à bout de bras, nous vidions le contenu du coffre arrière, pour le lancer dans le bois. Revenu à la maison aux petites heures de la nuit, je décidai de coucher dans la remise du jardin pour éviter d'alerter mes parents. Ce fut plutôt un policier qui me réveilla à l'aube. Mon ami avait pris peur et, pour se défendre, il m'avait dénoncé aux autorités. Je dus leur expliquer les faits dans les moindres détails.

Je m'en voulais d'avoir déçu ma mère et je craignais une réaction violente de mon père. Je me réfugiai, tremblant, au sous-sol. Lorsque mon père descendit, je crus que mon cœur allait cesser de battre. Sa réaction me bouleversa totalement, car contre toute attente, il me serra dans ses bras en me demandant :

« As-tu besoin d'aide, fiston ? »

Ouiiiiiiiiiiiii ! Aurais-je dû crier ? *J'ai besoin de ton amour, de ton attention…* Mais, me camouflant derrière l'image du jeune homme solide, je lui ai répondu *non*.

Ce jour-là, mon père m'a fait la démonstration de son amour. Je n'en ai pas moins passé devant le juge, m'en tirant avec une amende de 25 $, et une dette énorme envers mes parents et mes proches dont l'amour ne s'est jamais démenti. Si le juge n'avait pas fait preuve de clémence envers moi, j'aurais pu me retrouver en centre d'accueil pour délinquants juvéniles, ou pire, en prison.

À l'adolescence, pour la plupart, nous avons commis des gestes répréhensibles, des délits (plus ou moins graves) et avons été témoins ou victimes d'humiliation, de dénigrement, de malveillance. Dans mon cas, sans la sagesse et la compréhension de mon père, concernant mes dérapages, je serais peut-être devenu le pire des voyous. Son soutien, allié à des valeurs solides reçues au foyer, m'a aidé à m'en sortir avec dignité.

L'entretien

« L'homme progresse
tant qu'il accepte les épreuves. »

ANTHONY LIPSEY

Mon choix de garder le cap, de demeurer positif malgré les épreuves

Devenir une personne sensible et sensée, quelqu'un de bien, un jeune adulte responsable demande d'agir dans le respect, autant envers soi-même qu'envers les autres. Il n'est pas toujours facile de changer de direction sans porter de jugements, surtout quand on doit renoncer à certaines manières d'agir et interrompre des relations avec des personnes néfastes pour nous. Franchir le pas peut s'avérer difficile, mais il importe d'y parvenir et rapidement.

Pour contrecarrer mon esprit rebelle, un choix d'action s'imposait de toute urgence. Je suis donc revenu sur une route droite, là où les valeurs de mes parents se proposaient, depuis toujours, en indicateurs fiables de mieux-être et d'authenticité. Cette route, je m'y suis engagé sans regarder en arrière, marchant droit devant, les yeux fixés sur ma destinée, m'arrêtant ici et là pour faire le plein ou me réorienter dans une meilleure direction.

Pendant quelque temps, j'ai travaillé avec mon père sur les chantiers de construction. Le soir, je fréquentais mes amis, mais désormais dans la plus complète sobriété. Je ne chantais qu'à l'occasion, jusqu'au jour où ma passion revint me hanter, me rappelant l'importance de retourner plus sérieusement au métier convoité. Je captai ce souffle comme une respiration dont j'avais un besoin essentiel pour vivre.

En raison de la grossesse de sa femme qui l'accompagnait habituellement dans ses tours de chant, Jean-Guy Gauthier, un musicien de piano-bar, me proposa de la remplacer. Devant le succès remporté par notre duo, ce contrat de quelques mois se transforma en un engagement d'un an. Malgré la réticence de mes parents, j'ai choisi de quitter l'école. L'opportunité offerte par ce pianiste ressemblait à une mine d'or, un véritable lieu d'épanouissement pour moi, mais aussi l'occasion rêvée d'approfondir ma voix, que je ne pouvais laisser passer !

Avec Jean-Guy Gauthier, je ferai du piano-bar pendant un an
et nous découvrirons, au bout de six mois, que nous sommes nés le même jour!

D'Albanel à Dolbeau, de La Doré à Alma, de Saint-Félicien à l'extérieur du Lac-Saint-Jean..., même jusqu'à Chibougamau, nous chantions six soirs par semaine. Mon cachet, d'environ 400 $ par semaine, me filait rapidement entre les doigts, à fêter et à offrir constamment des cadeaux aux proches et aux amis. Pour la première fois de ma vie, je m'allouais du bon temps et j'en donnais autour. L'adolescent en moi, quelque peu embrouillé dans son discernement, claquait son argent, incapable de réfréner ses envies et ses désirs. Je dépensais sans compter, comme si la source n'allait jamais se tarir. Il m'aurait fallu déterminer une somme fixe à dépenser et m'en tenir rigoureusement à mon engagement. Mais bon...

Grâce à l'apport de ma mère, toujours intuitive quand il s'agissait de ma carrière, je participai à un concours – *La relève super talents* – organisé par Jean Beaulne (un ancien du groupe Les Baronets). En fait, avec un doigté admirable, elle a effectué avec brio les démarches à mon insu.

Une demi-finale se déroulait dans chacune des grandes régions québécoises et les gagnants se retrouvaient à la Place des Arts pour le grand gala. Au moment de me produire sur scène, je puisai ma confiance dans mes souvenirs de Johanne et dans tout le travail que nous avions accompli ensemble. J'ai gagné à Dolbeau, puis à Chicoutimi. La chanson *Le blues du businessman*, que j'interprétai avec toute mon âme et ma passion, me procura la victoire et me mena à l'étape suivante : chanter devant un public sur la scène du Théâtre Maisonneuve en grande finale. C'était le 4 mai 1981.

André-Philippe Gagnon l'emporta dans la catégorie fantaisiste, Carl Tremblay, l'harmoniciste, dans le volet musique senior, et moi dans celui de chanteur senior. Je ne pouvais réprimer ma joie devant ce succès qui m'ouvrait les portes de l'industrie du spectacle. Dans le sillage de ce concours se profilait la promesse

À la Place des Arts, en mai 1981, je remporte le premier prix chez les chanteurs seniors lors du concours « La relève super talents », organisé par Jean Beaulne.

alléchante d'un contrat de disque; malheureusement, je le découvris plus tard, c'était une fausse promesse...

Heureux de ce triomphe, j'ai repris les tours de chant avec Jean-Guy Gauthier. Mais une mésentente, sans écorcher véritablement notre amitié, mit un terme à notre partenariat.

J'avais 17 ans. Je me répétais sans cesse mentalement: *Si je reste au Lac-Saint-Jean, personne ne viendra me chercher. Je dois aller là où mes chances de percer sont plus grandes, plus probables.*

Ma chance tourna grâce à un homme fortuné de Dolbeau, un ami de mon père. Il le rencontra en ville. « Ton fils, Mario, veut-il encore aller vivre à Montréal ? » Devant sa réponse affirmative, il lui annonça: « J'ai quelque chose pour toi. Ma fille doit quitter prochainement son loyer de Montréal pour venir se marier à Dolbeau. Elle lui laisserait l'appartement, et tout ce qui s'y trouve, pour une bouchée de pain. » Il était situé au 5810, rue Bélanger. Cette bonne fortune m'incita à prendre une décision, sans doute la plus importante de ma carrière: m'installer à Montréal.

Le jour fatidique de mon départ, la tristesse me gagna en voyant mes parents pleurer, surtout ma mère, devant la séparation imminente. Deux ans plus tôt, Johanne avait pris la route du ciel et maintenant, je quittais le nid familial pour emprunter celle du succès. Quelles épreuves douloureuses pour un cœur de mère! Je retins mes larmes, prêtes à jaillir.

« Maman, je veux chanter. Je veux chanter toute ma vie. »

Entendit-elle vraiment mes mots qui, d'évidence, n'apportaient pas le brin de consolation souhaité? Sa peine me fit mal, sans pour autant m'empêcher de déménager à Montréal, avec l'espoir dans mes bagages, et surtout un esprit téméraire, tel un adolescent devant la perspective de l'aventure. Ma philosophie de vie n'avait rien de compliqué (à chaque jour suffit sa peine) et cadrait bien avec mon principe: *vivre pleinement chaque journée aussi intensément que si c'était la dernière.*

C'est ainsi que je me retrouvai dans un superbe appartement tout meublé sur la rue Bélanger, près de Lacordaire. Le loyer? La modique somme de 132$ par mois. Néanmoins, quelques jours suffirent pour qu'un mal de vivre et des anxiétés atroces ébranlent mes convictions. Avais-je fait le bon choix? Vivre dans cette grande ville dynamique, loin de mes repères familiaux, géographiques, affectifs et autres, m'apparut tout à coup insupportable, insoutenable et affreux. Dépouillé de la présence rassurante de mes parents, loin du Lac, des grands espaces, des nombreuses étoiles visibles la nuit... perdu dans une municipalité où le bruit, la hâte, la compétition régnaient en maîtres, j'avais l'impression d'être dépossédé d'une certaine poésie de la vie. Je me retrouvais avec un vide au ventre et une solitude immense, pourtant entouré de milliers d'êtres humains.

Heureusement, même si je tournais en rond dans mon appartement tel un animal en cage, ma débâcle intérieure ne détruisit pas mon seul désir: percer dans la chanson.

Mes premiers jours dans la métropole me mirent devant une évidence incontournable: je devais gagner ma croûte. Même si l'idée des cabarets ne me plaisait pas, pitance oblige, je contactai un homme d'affaires, Claude Mars, qui m'avait remis sa carte professionnelle après ma victoire à la Place des Arts. Il dirigeait une agence de spectacles et engageait des artistes pour performer dans les boîtes de nuit.

Après un rendez-vous en bonne et due forme, l'homme me reçut à son bureau, dans un hôtel situé sur la rue Sherbrooke Ouest. Après les salutations d'usage et un entretien cordial, il me demanda à plusieurs reprises, devant mon air ébahi:

«As-tu un *postewr*?

– Un quoi?

– Un *POSTEWR*[2] (lire à l'anglaise).»

Au Lac-Saint-Jean, nous prononcions *posteuuuuuure*; alors je ne comprenais pas trop sa question.

Après avoir enfin saisi, je répondis par la négative; par contre, je lui avais apporté des photos, prises durant un spectacle. Ces clichés ne pouvaient pas me valoriser à ses yeux. Je portais un costume noir, une chemise blanche à frous-frous et un nœud papillon. Pire, cette photo sur fond noir montrait autour de ma tête un halo de lumière. L'homme s'esclaffa, puis m'avisa qu'il ne miserait pas sur elle pour me mettre en valeur auprès du public.

À l'époque, le coût de production d'affiches était exorbitant. Pourtant, Claude Mars ne lésina pas devant la dépense. Il en créa une nouvelle avant de m'engager au Manoir Mont-Royal, un bar du Plateau, près de la rue Fullum. Je n'allais surtout pas lever le nez sur une prestation d'une quarantaine de minutes qui allait me rapporter 350 $ pour quatre soirs. En arrivant à la boîte de nuit, je vis l'affiche ornant la vitrine; c'était une belle victoire de ma persévérance.

Il y a des moments, dans la vie, où on a l'impression d'être à la bonne place, d'avoir gagné la partie. Les oppositions, je les combattais avec fermeté et courage. Je développais mes valeurs, dont la force de caractère se trouvait au premier plan. Je savais que des épreuves et des échecs, il y en aurait d'autres. Personne ne déambule dans la vie sans en récolter quelques-uns. Mais savoir les affronter renforce le caractère, mène à des résultats dont on est fier par la suite. Malheureusement, en raison des difficultés qu'ils imposent, beaucoup tombent en route au lieu de les surmonter. J'ai compris que chaque épreuve remportée conduisait à un palier plus haut qui comportait ses défis également. En relevant nos

2. Poster: une affiche promotionnelle.

manches, en réveillant les valeurs de la persévérance, du respect, de l'honnêteté, de l'ouverture d'esprit et de l'humour (oui, oui, il en faut beaucoup), nous bâtissons pierre par pierre l'édifice de notre devenir. Si je n'avais pas eu le sens de l'autodérision, je me serais enfui en maugréant et en claquant la porte au visage de Claude Mars.

Chacun de mes succès a été important dans le développement de ma carrière. J'ai appris à m'adapter à de nouvelles tenues vestimentaires, à changer de manière d'être sur scène – pour être encore plus près de mon public –, à changer mon « look »... et à poser lors des séances de photos, par exemple.

Dans le fameux bar de l'avenue du Mont-Royal, je devais réaliser mon tour de chant avec un groupe nommé Érexion. Difficile de ne pas nourrir certains doutes devant une telle appellation. La méfiance ne subsistait pas que de mon côté. Chacun des musiciens me regardait avec un air suspect, se demandant probablement qui était ce jeune de 17 ans se pointant avec des chansons de Michel Fugain, Julio Iglesias, Michel Sardou, Michel Legrand, Ginette Reno... J'étais et je demeure un amateur de la chanson française, de pièces musicales tendres et romantiques. Elles m'avaient influencé durant ma jeunesse et j'en étais marqué.

Sans trop faire de cas de leur accueil mitigé, je répétai avec eux la chanson *Le blues du businessman,* qui m'avait valu la première place au concours de Jean Beaulne. Étonnés, les musiciens se sont regardés et l'un d'eux m'a dit, ahuri : « *Sacrament ! Tu chantes, toé !* »

À partir de ce moment-là, ils ont sympathisé avec moi, admiratifs devant ce *p'tit gars* du Lac-Saint-Jean qui, le courage en main, venait tenter sa chance en ville. Je ne connaissais personne à Montréal. Des membres de ma famille et un cousin de mon père, habitant dans l'est de la ville, venaient à l'occasion m'entendre chanter. Ce qui me procurait toujours un grand bonheur. Le propriétaire, quant à lui, jubilait à sa manière. Devant le succès obtenu et sa salle bondée chaque week-end, il décida de me garder une autre semaine, puis une autre...

Les sommes amassées payaient mon loyer et un peu d'extra. Même si je pressentais un virage important s'amorcer dans ma vie d'artiste, la raison principale de ma présence à Montréal ne m'échappait pas. Malheureusement, ce dossier, loin d'avancer, stagnait littéralement. Où en étais-je avec le disque que j'étais venu enregistrer ? Quelles chansons le composeraient ? Personne ne m'en avait écrit jusqu'à présent. Mon cahier, en dehors de mon propre répertoire de chansons majoritairement françaises, restait vide.

À l'été, le temps d'une visite au Lac-Saint-Jean, je suis allé rencontrer Martin Peltier, créateur de la chanson *Vois comme c'est beau,* qui se produisait dans un bar avec son orchestre. Nul doute, obtenir une chanson de lui constituerait un point de départ majeur dans la création de mon premier disque.

Après le spectacle, à peine sorti de scène, alors qu'il remontait à sa chambre, je l'accostai : « Je veux te parler. » Il m'a répondu : « Je n'ai pas vraiment le temps. » Son manque d'ouverture ne me rebuta pas. Au contraire ! J'étais prêt à tous les défis ! Je lui ai mentionné : « Ça ne sera pas long, je veux te parler, ne serait-ce que cinq minutes. »

Je l'ai entraîné vers la voiture de mon père, stationnée devant le bar. « Je veux te faire entendre quelque chose. » J'ai pressé le bouton qui enclenchait la cassette. Il s'agissait d'une chanson que lui-même avait écrite : *Vois comme c'est beau.* Il l'écouta avec attention avant de me demander : « Qui chante ? » « Ma sœur et moi » « Wow c'est bon ! Quel âge aviez-vous ? » « 12 et 13 ans »... J'ai dû lui apprendre que ma sœur était décédée, ce qui le toucha profondément. Puis, je lui expliquai le but de ma rencontre : sans chanson originale, je ne pourrais me démarquer. Il m'informa qu'il en possédait sûrement une chez lui. Après l'échange de nos coordonnées, nous nous sommes quittés avec la promesse qu'il me rappellerait peu de temps après. Mais, les jours passaient sans que j'entende le son de sa voix…

Ce qui me caractérise le plus, dans la vie, c'est ma détermination, ma ténacité et ma persistance. Je n'accepte pas un non pour réponse. Surtout quand je suis déterminé à obtenir ce que je veux, mais toujours dans le respect de l'autre. Parfois, pour franchir les obstacles afin d'atteindre notre but, il faut provoquer le destin. Se convaincre que nous sommes encore sur la piste…

Puis Martin Peltier m'invita chez lui, à Québec. Je m'y rendis quelques jours plus tard, avec mon oncle qui agissait à titre d'agent pour moi.

À notre arrivée, il me fit entendre plusieurs chansons. Certes, la beauté des mots me plaisait, mais elles ne venaient pas provoquer de frémissements en moi. Un peu découragé, j'ai retenu la chanson: *Tu es amoureux, mon vieux*, même si je ne sentais pas qu'il s'agissait du « succès » que je cherchais, de la chanson racée qui toucherait mon cœur, et finalement celui des gens.

En allant m'asseoir sur le sofa, j'aperçus une feuille sur sa table de travail. À peine les premiers mots lus: *Je suis un chanteur*, je me suis exclamé: « Martin, la voici ma chanson ! » Il m'a aussitôt rétorqué: « Absolument pas ! Ce sera mon prochain 45 tours. Les pistes sont faites et j'enregistre la semaine prochaine. »

Son « absolument pas » m'effleura à peine. « Non, non, non. Moi, j'arrive dans le milieu. Je suis une étoile naissante. La tienne, ton étoile, brille déjà. Tout le monde te connaît. Je lui souligne à cet effet le passage suivant:

Attention j'arrive j'étais en éclipse
Ouvrez les projecteurs je suis un chanteur…

« C'est vraiment ma *toune*. Peux-tu me la chanter, s'il te plaît, Martin ? »

Il se prêta de bonne grâce à ma demande. À la dernière note, je lui annonçai, totalement confiant : « C'est cette chanson qu'il me faut ! C'est la mienne. » Dans un ultime effort pour le convaincre, je lui mentionnai : « Laisse-moi l'enregistrer et je tenterai de trouver une maison de disques, sinon tu pourras la reprendre. »

Bon joueur, il accepta ma proposition et nous avons enregistré cette chanson en studio, ainsi que deux autres, dont *My Way*. Certes, j'éprouvais le désir d'écrire, mais je ne croyais pas avoir ce talent d'auteur. Je me suis abstenu... cette fois-là.

GUY CLOUTIER

Je suis donc revenu à Montréal muni de mes premiers enregistrements audio. Quoi faire maintenant ? Le seul producteur qui m'interpellait s'appelait Guy Cloutier : le gérant le plus prestigieux de l'époque, un gars d'Alma, un gars de chez nous. Il avait hissé la carrière de René Simard à de très hauts sommets. Peut-être pourrait-il en faire tout autant avec moi. Tous connaissaient la puissance de son entreprise toujours très bien orchestrée. Je voulais un homme de cette envergure dans mon entourage.

Chaque jour, je me rendais à son bureau dans l'espoir de le rencontrer. Persévérance, ai-je dit ? Devant mon insistance, à la limite mon intrusion, j'entendais les sœurs Bachand chuchoter dans les bureaux attenants à la salle d'attente. En fait, j'arrivais tôt le matin avec mon oncle. Je lisais les pochettes des disques, je m'informais à propos des musiciens. Je tentais de tout décortiquer pour bien comprendre mon métier. Dieu que je voulais que ça marche ! Je n'allais pas rester dans ma zone de confort sans rien faire. J'attendrais le temps qu'il faudrait...

Guy Cloutier ne se présenta pas de la semaine. Il arriva le vendredi, et s'enferma aussitôt dans son bureau. Dix minutes plus tard, il ouvrit sa porte et me dit : « Tu veux me voir ? » J'ai répondu : « Oui. »

Il s'attendait probablement à rencontrer un énergumène sans talent. Il a écouté ma cassette sur laquelle se trouvait la chanson *Je suis un chanteur :*

Dans les mains une guitare
Et des mots dans la voix
Moi je peux vous parler de tout
De n'importe quoi

Que mon cœur est un piano
Que mes doigts ne jouent pas
Quand il va, il joue des accords
Qui s'enflamment parfois
Quand je chante pour toi

Attention j'arrive j'étais en éclipse
Ouvrez les projecteurs je suis un chanteur
Je suis un romantique ma vie c'est la musique
Je suis un amuseur je suis un chanteur
Je vis en équilibre ma vie sur un fil
Je suis un cascadeur je suis un chanteur
Je suis un cascadeur je suis un chanteur

Dans mes mains ma guitare
Et un micro dans ma voix
Je pourrais vous parler d'amour
Ce soir je n'peux pas
Car mon cœur est un violon
Qui raisonne en mon âme
Mais il va il joue des accords

Qui me font mal parfois
Quand je chante pour toi

Attention j'arrive j'étais en éclipse
Ouvrez les projecteurs je suis un chanteur
Je suis un romantique ma vie c'est la musique
Je suis un amuseur je suis un chanteur
Attention j'existe je sais marcher dans le vide
Je suis un cascadeur je suis un chanteur.

Lorsque les dernières notes se sont tues, Guy Cloutier m'a demandé :

« C'est toi qui chantes ça ? »

J'ai répondu par l'affirmative. Je me souviendrai toujours de sa réplique :

En compagnie de Guy Cloutier, mon producteur, et de mon oncle Yvon Laroche, qui a été mon premier agent.

« C'est un succès, ça, TAB !

– Je le pense aussi. »

Il s'est aussitôt informé :

« Restes-tu à Montréal ?

– Oui, mais je dois retourner au Lac-Saint-Jean avec mon oncle.

– Si tu restes à Montréal, Mario, on signe un contrat lundi. »

Nous avons donc signé mon contrat. Le premier *45 tours* parut en septembre 1981 et fut 17 semaines en première position du palmarès francophone. Un départ fulgurant ! En signe symbolique, parce qu'il représentait mon vrai commencement dans l'industrie du disque, je l'ai encadré. Deux achats simples : un tissu de velours bleu pâle et un cadre. Après avoir collé le disque sur le tissu, je l'ai inséré dans le cadre recouvert d'une vitre. Ultimement, pour le rendre encore plus précieux, j'ai fait graver une petite plaque sur laquelle on pouvait lire : *Mon premier disque.*

Enregistrement de *Je suis un chanteur*, en 1981.

J'étais impressionné par le charisme de Guy Cloutier. Malgré ses difficultés en fin de carrière et tout ce qu'on lui a reproché, cela n'enlèvera jamais rien à son talent, à sa vision, à son flair. Partout, dans l'industrie du spectacle, on le considérait comme un « IDOL MAKER ». Il savait comment s'y prendre pour parvenir à ses fins. Il me fascinait.

Mon métier de producteur, je l'ai appris à le côtoyer, à le regarder agir. Il se fiait beaucoup à son instinct, ses sentiments.

Il disait souvent : « Si moi je ressens ça, le monde va le ressentir aussi. Je me base là-dessus. C'est aussi simple que ça. »

Il a désormais payé sa dette à la société pour ce dont il a été jugé, et malgré ça, je continue d'avoir du respect pour ses réalisations professionnelles. Depuis que je suis producteur, je m'applique à suivre le modèle qu'il a proposé dans l'industrie. Il demeure un très bel exemple dans ma propre carrière.

Pour répondre à la demande du public, puisque *Je suis un chanteur* demeurait numéro un au palmarès, un album a dû être enregistré un peu à la hâte, je dirais. Le chef d'orchestre avec qui j'avais travaillé lors du concours *La relève super talents,* organisé par Jean Beaulne, m'avait parlé d'un grand chanteur espagnol, du nom de Nino Bravo, décédé à l'âge de 28 ans dans un accident d'auto. Il avait connu d'énormes succès en Espagne et il trouvait que ma voix ressemblait un peu à la sienne. Nous avons donc traduit quelques-unes de ses chansons en français, dont : *Sans amour* (Sin Amor), *Tu comprendras* (Tú cambiarás), *C'était notre nid d'amour* (Esa será mi casa).

À ces chansons, nous en avons ajouté d'autres de différents répertoires. Nous avons fait un « melting pot » de chansons, comme nous avions coutume de le faire à l'époque. D'ailleurs, je ne savais pas ce que c'était une bonne chanson, pour moi une chanson c'était une chanson, et je ne me posais pas de question quant à sa qualité.

Entre-temps, après la parution de mon premier album, je me suis aussi mis à écouter les disques de plusieurs artistes, dont Fabienne Thibault, Martine St-Clair, Diane Dufresne, Peter Pringle, etc., et je remarquais que les noms des paroliers Luc Plamondon, Germain Gauthier et Christian St-Roch revenaient souvent. Je voulais travailler avec ces auteurs-là, je commençais à faire la différence entre les chansons fortes et les « remplissages »...

J'ai donc laissé un message téléphonique à Luc Plamondon, il ne m'a jamais rappelé. Puis j'ai contacté Diane Juster qui m'a invité chez elle. Je me suis rendu dans sa demeure de Westmount, j'étais vraiment très impressionné. On me fit passer au salon et, au bout d'un moment, Mme Juster s'est amenée. Après s'être présentée à moi, elle m'a dit : « Comme ça vous voulez chanter ? » Je lui réponds : « Oui, et comme j'ai beaucoup d'admiration pour vous, j'aimerais avoir une chanson de vous. » Elle désirait entendre ma voix, alors je lui ai tendu une cassette sur laquelle j'avais réuni des chansons que j'avais écrites, mais au bout de quelques minutes, elle me dit : « Vous savez, vous devriez songer à faire autre chose ». Cette réplique me fit l'effet d'une douche froide. Quoi ? Lâcher le métier ? Je lui rétorquai que je chantais depuis ma tendre enfance et que si ça ne marchait pas, eh bien c'était que le Québec n'était pas prêt pour moi ! » Rien de moins. (Quel culot, j'avais ! ! !)

Dans les bureaux de Guy Cloutier, au 2306, rue Sherbrooke Est.

J'ai toujours cru que la détermination était la clé essentielle du succès, pourvu d'être assuré de la justesse des objectifs à atteindre et... du talent de l'individu. Il peut malheureusement nous arriver de croire en des buts qui vont à l'encontre de notre potentiel réel ou de nos rêves les plus profonds. Nous nous leurrons alors à persister dans une voie qui n'est pas la nôtre. En revanche, si notre nature et nos aspirations profondes, basées sur une réalité solide, ne s'estompent pas, mais nous propulsent sans cesse vers l'avant, alors il y a de fortes chances que nous soyons sur la bonne bretelle d'autoroute. Il faut donc tout mettre en œuvre pour parvenir au succès voulu.

N'empêche ! En entendant la réponse de Diane Juster, j'ai avalé la pilule de travers. Pour un débutant, il n'est pas facile de recevoir une réponse aussi négative – surtout d'une sommité de la chanson –, de passer par-dessus et de croire, malgré tout, en son talent. Il en est ainsi avec les médias. Certaines critiques peuvent être tellement acerbes, injustes et condescendantes, qu'elles risquent de tuer l'artiste dans son art et son expression, avant même qu'il ait pu explorer et développer son talent. Les assassins de la création artistique (heureusement, peu nombreux) n'éliminent pas seulement l'artiste en début de carrière, mais même celui qui brille comme une étoile au firmament de son art. Et puis, il y a les critiques respectueuses, justes, exemptes de mépris, qui permettent d'avancer, d'améliorer nos points faibles et de rajuster notre tir au bon moment.

Si nous sommes de nature sensible, il faut apprendre à ne pas prendre ce genre de commentaires et d'opinions de manière trop personnelle, mais en tirer des leçons pour continuer notre route. En voici un exemple concret. Un jour, après avoir vu que Christian St-Roch, le créateur de la chanson-thème des Jeux olympiques d'été de 1976, avait composé de très belles chansons pour Fabienne Thibault et Diane Dufresne, je dénichai son numéro de téléphone dans l'annuaire de la Guilde des musiciens. Au terme de notre discussion, il m'invita à le rencontrer chez lui, dans son studio. Il écouta quelques chansons de mon premier album avant de me lancer : « C'est de la merde, ça ! » Puis, sans aucune considération, il passa le fruit de mon travail au-dessus de la poubelle, comme pour me démontrer sa valeur. Je l'ai regardé en me disant *espèce d'effronté*. Je savais que mon disque n'était pas « parfait », qu'il comportait des lacunes. Je suis capable d'accepter les remarques, même si parfois, la vérité est difficile à prendre. Mais il s'agissait là de mon premier disque en carrière, dans lequel j'avais mis tous mes espoirs. En quelques mots et un geste disgracieux, il avait tout détruit…

Avec l'audace bien inscrite sur mon front, et quelque peu défiant, je lui ai rétorqué : « OK ! On va travailler ensemble ». Et lui de me répondre : « Je vais t'écrire des chansons. »

Ce fut ma façon de désamorcer une déclaration incendiaire pour aller de l'avant, malgré l'affront…

Nous avons donc uni nos forces et œuvré ensemble. Il aimait bien ma voix. Du coup, je me suis aussi lié d'amitié avec Daniel Barbe, chef d'orchestre de Diane Dufresne. Ils m'ont généreusement offert un répertoire. Ce que j'ai grandement apprécié de ces artistes de renom.

Petite fausse note, cependant : j'avais agi sans l'accord et l'approbation de Guy Cloutier. En lui présentant mes chansons, je mentionnai : « Voici mon album. » Surpris, il écouta les extraits audio. À son avis, aucun d'eux ne connaîtrait un succès ; du moins, ça semblait impossible pour lui de l'admettre.

Il est vrai que pour mon deuxième opus, j'avais voulu tout contrôler (ma seconde nature), toute la production. Le graphisme étant une de mes passions, j'avais visualisé la prochaine pochette, puisque celle de mon premier disque ne me plaisait pas. Même si je ne voulais pas imposer ma vision à Guy, discrètement je tentais d'y mettre le plus possible de mes idées personnelles. J'avais

Avec ma sœur Johanne près de la voiture de papa, probablement une Bélair.

Ma sœur Karine, ma mère et ma grand mère Pelchat, juste au-dessus d'elle, on aperçoit mon cousin David. C'était lors de l'enregistrement de *Star d'un soir,* où mon père et mon grand-père chantaient.

Avec Johanne,
au Pavillon du Québec
à la Ronde en 1976,
nous représentions
la ville de Dolbeau
et le festival western
lors d'un congrès.

Avec mon père sur le plateau de *De bonne humeur.*

En 1979, avec Johanne, à l'Auberge des chutes de Val-Jalbert où on nous a remis une plaque hommage. Johanne était déjà malade.

Avec la chanteuse France Joly (*Come to me*) le 4 mai 1981, lors de la finale de la Relève super talents de Jean Beaulne.

Noël 1969 chez nos parents.

Céline Dion et Estelle Hesse à l'occasion de mon premier spectacle au St-Denis le 14 mars 1990.

Avec mes parents et ma sœur Karine lors de l'enregistrement de *De bonne humeur* en 1990.

Avec mes frères au festival western de Dolbeau, notre mère nous habillait en cowboys et on y croyait .

Avec nos premiers musiciens Les Nomades, ma sœur Johanne et moi.

Lors du 50e anniversaire de mariage de nos parents, les enfants en compagnie de leurs conjoints et conjointes.

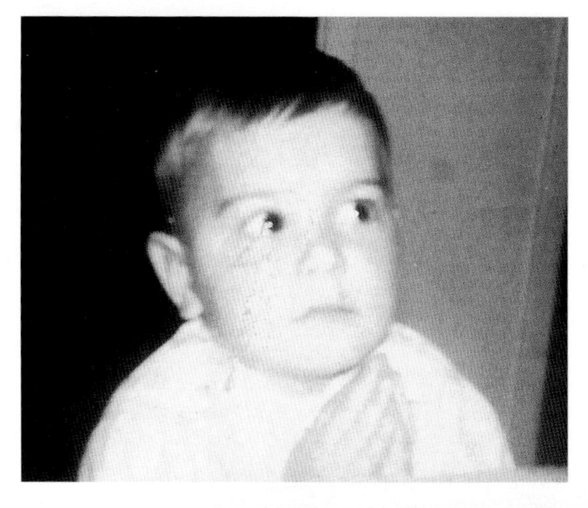

Je fais ma prière; je ne sais pas pourquoi, mais cette photo vient me chercher, ça m'émeut jusqu'aux larmes...

Nous nous apprêtons à aller chanter chez Trottier à Dolbeau-Mistassini.

Au mois de mars 1990, avec Eddy Marnay, le soir de la première de mon spectacle Couleur passion, au théâtre St-Denis.

Avec mon grand-père Pelchat.

La famille Réal Pelchat

d'ailleurs exprimé mon désir d'une pochette dont les paroles seraient à l'intérieur (à l'époque, pour économiser sur les coûts de fabrication, on imprimait les paroles au dos de la pochette, mais je trouvais que ça faisait plutôt bas de gamme). Je crois que tout cela contrariait Guy. Aujourd'hui, étant moi-même producteur, je comprends son sentiment, car c'était comme si je lui avais dit: « Moi, je sais comment faire les choses, mais avec ton argent. » On se serait senti vexé à moins!

Finalement, le succès me déserta, les chansons restèrent sur les tablettes, sans espoir d'un lendemain. Ma façon d'agir dut être très vexante pour cet homme de métier, reconnu partout et présent dans le *show-business* depuis tant d'années. Cela ne l'a pas empêché de me respecter pour autant. Son attitude bon joueur ne pouvait que renforcer mon admiration pour lui. Il m'aimait, je le savais, parce qu'entre-temps, j'avais formé un groupe avec mon cousin claviériste et un guitariste originaires du Lac-Saint-Jean, et il m'avait proposé de faire du cabaret. J'avais accepté, car à 18 ans, il me fallait gagner ma vie.

Nous avons travaillé dans les bars. J'avais envie de chanter du Bruce Springsteen, du Billy Idol, Tears for Fears, Wham, et de toucher à d'autres styles. Guy venait me voir à l'occasion. Il s'assoyait dans le fond du bar avec sa femme et m'écoutait chanter. Il ne *tripait* pas sur les chansons que je faisais, ni sur mon allure: je me maquillais les yeux, je portais un clip sur l'oreille; je faisais un peu voyou. Je vivais encore la même dualité: je voulais être rockeur, mais j'avais toujours mon côté « crooner » qui dominait et devenait de plus en plus flagrant pour la plupart des gens.

Un jour, Guy m'a dit: « Tu sais, Mario, la boucle d'oreille, ça presse pas. » Il avait une façon diplomate, à la limite humoristique, d'exprimer le fond de sa pensée. Je finissais par rire de mon comportement. Ça passait tout le temps, ça ne me vexait pas. Il me respectait et n'endossait pas le manteau de la suffisance: « Je connais tout, je sais tout, et je vais te dire quoi faire... » Avec lui, pas de narcissisme exacerbé qui tue une relation de travail.

Mon contrat avec mon producteur Guy Cloutier était de quatre ans et comportait une année optionnelle. À l'heure de son échéance, je refusai de le renouveler. J'avais envie de faire cavalier seul. Même si ce deuxième album, *Tu m'as fait mal* (1983), n'avait pas connu le succès voulu, au moins, j'étais demeuré présent aux yeux du public. Guy s'occupait des carrières de René et de Nathalie Simard, artistes principaux de sa maison de disques. N'étant pas sa priorité, je ne désirais pas rester à l'écart, j'ai donc mis un terme à notre association.

Même si cela le contraria quelque peu, il demeura gentleman. Dès qu'il avait la chance de me donner un coup de main, il s'empressait de le faire avec sa bienveillance habituelle. Quand René Simard fut à la barre de l'émission *RSVP (René Simard vous présente)* et qu'il avait besoin d'un artiste, il me téléphonait et m'y invitait régulièrement.

Durant l'une de ces émissions, j'ai rencontré les deux personnes qui allaient jouer un rôle clé dans l'envol de ma carrière, mais qui, plus tard, détruiraient ma confiance et temporairement mon idéal.

Confronter mes peurs, mes culpabilités, mes choix discordants

« Celui qui veut du miel doit avoir le courage d'affronter les abeilles. »

Proverbe sénégalais

Mon oncle et agent, Yvon Laroche, avait ceci de particulier, il demeurait ouvert à la discussion. Malgré nos bonnes volontés mutuelles et l'aide de Guy, notre manque d'expérience nous empêchait d'avancer dans le sens de nos aspirations. Néanmoins, rien de tel que d'apprendre sur le tas ! De plus, pour parfaire mon image, Yvon m'encourageait à maigrir, à cesser ma consommation de deux paquets de cigarettes par jour. En quelques mois, j'avais perdu 40 livres (18 kg) et cessé de fumer. Tout un exploit !

Même si ma chanson *Je suis un chanteur* avait connu une montée fulgurante et se hissait au sommet des palmarès, je n'avais toujours pas le profil d'une vedette auprès de la population. Les chanteurs américains entraient à pleine porte et prenaient une bonne part du marché québécois. La chanson française perdait également de ses plumes, ce qui me remplissait de tristesse.

Je tombai alors dans une sorte de grisaille, errant çà et là dans les métros, marchant des heures dans la ville, sans aucun but, avec une envie toujours présente de pleurer et une grande mélancolie collée au cœur et à l'âme. Était-ce ça, le passage difficile de l'adolescence à la vie d'adulte, dont on parlait tant? Est-ce que je vivais ces fameux moments d'insécurité et d'angoisse qui empêchent une personne de jeter un regard assuré vers l'avenir? Oui, je devenais un homme par le biais d'une série d'événements adverses. Cependant, que serait mon avenir?

Un proverbe portugais dit: *Ne baisse pas les bras, tu risquerais de le faire deux secondes avant le miracle.* Je n'ai pas baissé les bras.

Nous ne sommes pas les seuls maîtres de notre destinée, car pour qu'elle s'accomplisse, nous aurons toujours besoin des autres, de leur expertise, de leurs encouragements, de leurs conseils, etc. Néanmoins, nous sommes à bord lorsqu'il s'agit de prendre les décisions définitives, de donner une nouvelle direction à notre vie, d'enclencher des transformations et des changements. Nous seuls avons le contrôle, quoique Dieu gouverne tout, mais ultimement: On récolte ce que l'on sème.

J'ai compris avec le temps que si nous passons nos journées à craindre un événement, il y a de fortes chances que l'énergie négative que nous dégageons entraînera dans son sillage des situations malheureuses... On ne peut serrer la main de quelqu'un avec un air renfrogné et croire qu'il nous offrira ensuite un emploi ou une occasion de carrière. Notre attitude détermine bien souvent notre destin. Nous pouvons tout bousiller par notre humeur maussade et notre mauvais caractère. Je sais que nous ne sommes pas toujours les victimes de circonstances extérieures. Nous y avons parfois mis notre grain de sel. Nous sommes responsables de notre vie, de ce que nous présentons aux autres et de certaines de nos expériences, juste par la façon dont nous réagissons. Croire en son destin, ce n'est pas attendre qu'il se manifeste devant nous, c'est aussi prendre les mesures pour qu'il soit à la ressemblance de nos désirs. Mais parfois, dans notre apprentissage, il nous arrive de faire des erreurs...

À mon grand désarroi, j'ai dû recourir à l'aide sociale, ne pouvant plus régler mes dépenses mensuelles, même après deux albums. En fait, je l'avoue, j'étais tombé dans le piège de la cocaïne qui bouffe l'argent en moins de deux, sans compter l'estime personnelle. Je consommais particulièrement les fins de semaine avec des copains et certains musiciens. Mon allure de plus en plus délabrée commençait à en inquiéter plus d'un. À cela, s'ajoutaient une, deux, trois, quatre bières..., comme si je n'avais plus de fond. Je dérivais, incapable de gouverner ma vie. J'en étais même venu à recouvrir les fenêtres de mon appartement avec du papier brun, parce que même la lumière du jour devenait agressante. Peut-être voulais-je me cacher des autres et de moi-même: comme si cela s'avérait possible!

J'ai finalement touché deux chèques avant de sortir de ma torpeur et de saisir dans quelle dangereuse descente je m'étais engagé. Une dérive qui, à la longue, aurait pu m'être fatale à tous les points de vue. Encore là, il faut de la force pour renoncer à ce qui « semble » nous rendre heureux, mais n'est qu'artifice. Si c'est trop difficile de réagir, alors quelque part, lors d'une bouffée de conscience, au cœur de notre marasme, il faut trouver une personne pour nous aider.

Je me souviens d'avoir tellement pleuré, à l'époque, la perte de contrôle de ma vie. Avec une force de caractère à ébranler n'importe quelle mauvaise assise, j'ai commencé à garder tous les cachets de mes tours de chant. Avec une grande fierté, j'ai déposé l'essentiel à la banque, sans toucher à la cocaïne, la bière et autres substances.

J'ai été chanceux, d'une certaine façon, d'avoir été éduqué de manière à rebondir à la longue devant les mauvaises décisions de ma vie. D'autres, malheureusement, tombent sans se relever sous l'effet désastreux et permanent de la drogue. Leurs assises ou les aides apportées ne sont pas solides ou suffisantes. La peur s'en mêle. Lorsqu'elle s'installe, ils deviennent tendus ou en proie à une grande agitation. Ils ne possèdent plus la maîtrise de la situation, se retrouvant plutôt à la merci du plus fort, du plus malin, du plus destructif.

De nos jours, il existe des organismes qui viennent en aide aux alcooliques et aux toxicomanes. Dans ces lieux protégés, ils peuvent lutter contre ce qui les accable et revenir plus forts et sereins à une vie en accord avec leur essence profonde. On amorce souvent l'expérimentation de substances psychostimulantes à l'adolescence. Il nous faut toujours demeurer alertes à conduire notre vie autrement que par la drogue ou l'alcool. Pas facile, je le concède. Néanmoins, nous pouvons y parvenir. Nous pouvons aussi apporter notre aide à la personne devant nous que l'on voit s'enfoncer dans une situation stagnante. Une main tendue, ce n'est pas si difficile. Il faut juste le vouloir…

PIERRE ET ANTHONY

La vie a finalement mis sur ma route Pierre Gibeault et Anthony Ng qui allaient devenir mes nouveaux agents. Malgré tout ce qui s'ensuivra de noirceur dans nos relations, ils ont été les bâtisseurs du répertoire qui m'a permis d'atteindre les objectifs fixés à mon départ du Lac-Saint-Jean.

Pierre et Anthony travaillaient dans le design intérieur et cherchaient un nouvel artiste pour promouvoir une marque de *jeans*. Finalement, ce contrat ne s'est pas réalisé, mais ils ont aimé ma voix. J'ai donc enregistré la fameuse chanson *J'ai le blues de toi.*

La maison de disques, nouvellement fondée par Michel Bélanger, présidait au retour des Séguin, Piché, Rivard, et compagnie. Mais leur équipe n'avait pas de chanteur interprète de mon genre. Comme mon travail plaisait à Michel, j'ai donc signé un contrat avec cette société.

Pour ce troisième album – mais premier avec eux –, leur coup de maître fut de convaincre le parolier Eddy Marnay de signer plusieurs textes. La chance collée aux talons, je collaborai ensuite avec l'auteur-compositeur Angelo Finaldi qui m'écrivit *L'otage*, une chanson sublime, à mon avis :

Je suis l'otage
De l'amour
Ne me délivre pas
Surtout ne t'en va pas
Laisse-moi te faire encore rêver
Laisse-toi aimer, le temps
D'apprivoiser la nuit
Ne me laisse jamais seul, jamais plus seul...

Enfin, je logeais à la bonne enseigne et le succès brillait de plus en plus au fil des chansons : *J'ai le blues de toi*, de Gilbert Montagné – celle qui m'a propulsé –, *Ailleurs, Voyager sans toi, Reste là, Parfum d'adieu, Quand on y croit, Sur ta musique, On s'aimera un jour, Combien de temps et Près de toi.* Une après l'autre, elles se sont hissées au sommet des palmarès, me donnant une visibilité toute nouvelle que je n'avais jamais connue auparavant. Avec *Mario Pelchat*, enfin j'entrais dans la cour des grands ! Un succès indéniable qui marquera ma carrière au fer chaud !

Mes deux gérants vivaient ensemble depuis une vingtaine d'années. Je n'éprouvais aucun jugement ni de préjugés sur leur orientation sexuelle ; le respect et l'acceptation de la différence demeurent la base de toutes les ententes sur cette planète. J'étais

Promotion pour l'album MARIO PELCHAT
à l'émission de *Beau et chaud* sur les ondes de Télé-Québec.

l'unique artiste de ces deux gérants. Même si Pierre et Anthony ne connaissaient pas le métier, leur but premier consistait à me mener très loin sur la route du succès. Ils avaient un sens artistique très aiguisé.

Dès le départ, d'une manière rigoureuse, mes deux gérants m'ont invité à faire de l'entraînement physique et à perdre le poids que j'avais repris. Heureusement, même si un de mes défauts demeure la gourmandise, j'ai beaucoup de volonté, ce qui m'a permis d'atteindre mon but rapidement.

Je trouvais cela bizarre que personne ne me parle de belle voix. J'ai compris ensuite. J'ai mis les efforts qu'il fallait faire: m'entraîner, manger mieux, faire du sport, cardio. J'ai obtenu très vite des résultats. C'était le premier exemple tangible d'efforts qui portaient des fruits et qui m'a ouvert des portes. J'ai compris la corrélation entre faire des efforts, et les portes qui s'ouvrent devant nous. « C'est l'effet domino », me disait Paul Daraîche.

Pierre et Anthony m'ont également demandé de collaborer avec eux pour perfectionner mon image publique. Une styliste a revu l'ensemble de mes vêtements tandis qu'un coiffeur changeait mon look. Devant mon image nouvelle (le coiffeur m'avait fait des mèches et les premiers jours, l'effet était plutôt radical...), mon père cessa presque de respirer tandis que ma mère versa des larmes (j'étais presque blond, ça leur a fait peur). En regardant les photos de presse, j'ai mieux apprécié et accepté cette décision. Je me suis ramené à la raison en pensant : « Ils savent ce qu'ils font et je vais leur faire confiance jusqu'au bout. »

Premier disque d'or, en compagnie de mes agents Pierre Gibeault et Anthony Ng, et Suzanne Colello, leur amie, qui devint mon agente par la suite.

Peu à peu, durant mes spectacles, je voyais des jeunes avec la même coupe de cheveux et arborant la même couleur. Ils allaient jusqu'à s'habiller comme moi. Les jeunes imitaient mon « style ». Ça marchait donc réellement. Quand j'ai de nouveau changé mon style et ma coupe de cheveux pour la « César », à ma grande surprise, les jeunes ont encore une fois adapté leur style au mien.

Finalement, mes gérants avaient sans doute raison de devancer la tendance. Aujourd'hui, avec le recul, je crois qu'agir ainsi m'a ouvert de nouveaux horizons. L'avant-gardisme a plus que sa place dans la profession. Je me suis laissé guider tout en étant reconnaissant des changements effectués, mais avec ma collaboration.

Grâce au succès de ce troisième album, tout s'est enclenché à grande vitesse... Nous avons signé chez Avanti, la plus grosse boîte de spectacles de l'époque dirigée par Jean-Claude Lespérance. Le cœur battant la chamade, je suis monté sur la scène flottante de La Ronde, là où bien des vedettes avaient connu leur heure de gloire, dont Céline Dion et Martine St-Clair, entre autres. Puis, avec la tournée Campbell, j'ai chanté dans les parcs de la ville. Ce tourbillon d'activités m'amena vers un métier parallèle, celui de l'animation. Je crois que si quelqu'un m'avait dit un jour que j'endosserais l'habit d'animateur d'émission de variétés, j'aurais pouffé de rire. Pourtant, avec la chanteuse Martine Chevrier, j'ai coanimé de 1989 à 1990 l'émission de télévision *7e ciel* à TQS.

Puis, comme si l'image de l'animateur me collait à la peau, on m'a ensuite offert un talk-show sur le réseau TVA, *Attention c'est show.* J'ai accepté, mais non sans une forte pression exercée par mes gérants. Ils savaient que mon cœur ne battait pas pour ce genre d'expérience, mais ils insistaient, probablement pour les rentrées d'argent qui en découlaient et ma constante présence au petit écran. Je ne regrette certainement pas cette période durant laquelle on m'a offert une visibilité optimale, mais ma vie, je la voulais sur une scène et non sur un plateau de télévision, à la barre d'une émission.

Je travaillais comme un fou, avec 75 000 albums vendus, 117 représentations à guichets fermés, j'étais devenu un artiste

Première tournée de spectacles, je suis comme un gamin,
je m'amuse sur scène comme un fou.

Interprète masculin de l'année en 1990.

laissant sa marque au Québec. La réaction du public flattait mes espoirs. Ce qui me valut mon premier Félix, celui de l'interprète masculin de l'année. Quel sentiment étrange d'être élevé au rang de la célébrité ! Alors, nous avons enchaîné avec la préparation de mon quatrième album, *Couleur passion.*

Mon premier Théâtre St-Denis en mars 1990.

Devant un généreux brunch à l'hôtel de la Montagne, je me retrouvai en compagnie de mes deux gérants, de toute l'équipe de mise en scène, de Mouffe, d'Eddy Marnay, de Mia Dumont, de Claude « Mégot » Lemay, d'Angelo Finaldi puis… de Diane Juster, que j'avais rencontrée à mes débuts.

Mon désir d'obtenir de ses chansons demeurait vivant et tenace. La vie, avec ses surprises à chaque détour, nous a de nouveau réunis, justement lors de cette fameuse rencontre au restaurant. En la voyant au bout de la table, je lui ai lancé : « On se connaît, nous. »

Elle ne se souvenait pas de moi. Malgré une légère déception vivement refoulée, je me suis dit qu'elle devait rencontrer beaucoup de monde.

« On se connaît, vous dites ?

– Oui, je suis allé chez vous…

– Ah oui ! Il y a longtemps de ça ?

– Environ cinq ou six ans. Je vous avais fait écouter mes chansons.

– Et qu'est-ce que je vous avais dit ?

– Euh… eh bien, vous m'aviez dit de songer à faire autre chose…

– Ah bon ! Je voulais probablement voir si vous aviez de l'étoffe. »

J'ai pensé en moi-même : *Je ne sais pas si j'ai de l'étoffe, mais je suis "tough" et je la veux, ma chanson de vous.*

Victoire sur le passé : Diane Juster m'a finalement écrit cette chanson tant attendue : *Arrête-moi,* sur un texte d'Eddy Marnay, qui signa également *Quand on y croit* et *Tu n'es pas seule,* que j'ai coécrite avec lui. Sur des musiques de Steven Tracey, Michel

Lefrançois, Daniel DeShaime, je me suis commis également comme parolier, comme je l'avais fait pour la plupart de mes premiers disques. Ainsi parut mon quatrième album.

Avec ces deux gérants, ma carrière était menée rondement. Je leur faisais confiance. Je n'aurais pas dû, particulièrement pour la gestion et l'administration de mes affaires. Naïf et ignorant, je croyais que dès les premières rentrées d'argent, il y en aurait pour tout le monde, que tous seraient contents. Mes agents me répétaient sempiternellement : « En attendant le moment de la récolte, il faut investir. » Je ne voyais jamais la couleur de l'argent. Pourtant, ils réussissaient à en obtenir toujours de plus en plus.

Produire et sortir mes albums, cela ne leur coûtait presque rien puisque, par toutes sortes de manigances, ils arrivaient à tout financer avec l'aide de divers programmes de subventions, et ça leur rapportait énormément. Chaque geste posé leur profitait, mais... je n'étais pas rémunéré.

À ce stade, je ne pouvais que m'étonner de mes maigres finances. J'ai donc commencé à poser des questions à mes gérants. À bout d'arguments, ils décidèrent de me donner un salaire de 400 $ par semaine, qu'ils augmentèrent jusqu'à 1 000 $, tout en me spécifiant que les remises d'impôt s'effectuaient au gouvernement.

Je ne connaissais pas les affaires et comprenais vaguement la situation. Il me fallut un choc violent, mais salutaire, avant de mieux saisir le grand tableau. Un jour, alors que je tentais d'effectuer un retrait de 20 $ à un guichet automatique, la machine bouffa ma carte. Inquiet, je téléphonais à ma caisse le lendemain et, à ma plus grande stupéfaction, on m'annonça que mon compte était gelé en raison d'une saisie : « Vous devez 48 000 $ à l'impôt ! » *QUOI ! Je travaille comme un fou, je suis fatigué, presque au bout du rouleau et je dois autant d'argent au gouvernement ! Mais qu'est-ce que c'est que cette histoire ?*

Valsant entre la peur et la colère, j'ai contacté mes gérants pour qu'ils me produisent des comptes. Anthony écrivait des chiffres illisibles et impossibles à comprendre. Sidéré, incapable de trouver le sommeil, j'ai fait appel à Guy Cloutier. Il m'a recommandé son comptable, un professionnel reconnu dans l'industrie du spectacle.

En lui montrant le papier griffonné par Anthony, il s'exclama :

« Mais c'est quoi, ça ? Voyons donc ! Il nous faut absolument un vrai bilan avec de vrais chiffres ! »

Sans hésiter, j'ai demandé une reddition des comptes à mes gérants. La réponse de l'un d'eux me stupéfia :

« Appelle un avocat.

– Pourquoi un avocat ? Je n'ai pas besoin d'avocat ! »

Que se passait-il donc ?

Entre-temps, Anthony contracta le sida. Malgré mes différends avec mes agents, cette nouvelle me bouleversa. Prier pour lui fut ma première et ultime réaction. Que pouvais-je faire de plus devant une maladie qui, à l'époque, ne donnait pas grand chance de survie aux individus l'ayant attrapée ? Puisque les cas de sida se retrouvaient majoritairement dans la communauté gaie, partout dans le monde (même si, par la suite, des personnes atteintes de la maladie ont été recensées chez les toxicomanes, des hémophiles – lors de transfusions sanguines –, ou autrement), le lien entre la transmission par voie sexuelle et la maladie fut rapidement établi.

Devant cette terrible calamité, Pierre, son conjoint, n'en menait pas large. Je ne savais plus comment réagir. Anthony agonisait pendant que moi, je lui réclamais l'argent qu'il me devait… Je ne pouvais m'empêcher de me dire intérieurement : *Même si tu as le sida, moi, je dois payer mon loyer et tous mes comptes en souffrance!*

Ma compassion a finalement pris le dessus. Ce qui ne m'a pas empêché de les poursuivre plus tard en justice.

Un avocat m'a défendu et j'ai pu me libérer du contrait me liant à eux, même si n'ai jamais vu la couleur de l'argent qu'ils me devaient. Peu de temps après, mes deux gérants sont décédés des suites du sida, me laissant devant une inévitable faillite. Même si nous ne connaissions plus l'harmonie, nous avions tout de même passé plusieurs années ensemble, à bâtir ma carrière, à marcher sur le chemin raboteux menant à mon succès. Ces départs rapides et prématurés me remplirent d'un grand chagrin. Avant d'être des «arnaqueurs», ils étaient des êtres humains, comme nous tous. Je ne devais pas me laisser emporter par le courant de la haine, mais par celui de l'amour. Ce n'est pas toujours facile quand nous sommes renversés par des événements destructeurs et malhonnêtes...

J'ai laissé tomber l'idée de ravoir mon argent. J'étais abasourdi, démoli. Quand on a travaillé comme je l'avais fait, la défaite s'avérait cuisante. Ma déception fut plus grande lorsque j'appris que Pierre avait acheté une Jaguar et une Roll Royce à Tony, juste avant sa mort, afin de réaliser son rêve. Il mentionna à Guy Cloutier: « C'est avec l'argent de Pelchat que je les ai payées! »

Ces paroles ont eu l'effet d'un coup de couteau rentré dans le ventre. J'avais mal. Vraiment mal. Aujourd'hui, ils ne sont plus là et ils n'ont rien apporté avec eux. Seuls le malaise, l'incompréhension et les blessures... sont demeurés longtemps.

Évidemment, cette saga avec mes anciens gérants a fait la une des journaux et des magazines. Longtemps, j'ai refusé de m'exprimer sur cette situation, même si des journalistes salissaient mon image jour après jour. Finalement, exaspéré devant l'insistance des médias à creuser cette histoire dans tous les sens, toujours à mon détriment, j'ai accepté de m'exprimer à la tribune de Jean-Luc Mongrain. J'ai alors pu expliquer les vrais faits à la population. Cette émission était dotée d'une grosse cote d'écoute : un million et demi de téléspectateurs. Quand une personne passait à *Mongrain de sel*, on pouvait mettre les points sur les « i » et les barres sur les « t ». Ce journaliste et animateur réputé savait poser les bonnes questions. Le public a compris enfin mon point de vue, ce qui a mis un terme à cette mauvaise presse. Je n'ai pris position publiquement qu'une seule fois à ce sujet, mais elle a eu un impact. La poussière retomba aussitôt, mais j'étais lavé, vidé, épuisé.

Il y a parfois un prix à payer pour apprendre. Cet apprentissage m'a coûté cher. J'aurais pu passer des mois et des années à me morfondre sur l'argent perdu, dilapidé... À quoi cela m'aurait-il servi ? Certes, la méfiance demeure, perdure. Elle se répercute encore aujourd'hui dans mes relations d'affaires, surtout avec de nouvelles personnes. Prudence oblige... Heureusement, je n'ai plus la naïveté de ma jeunesse. J'ai acquis de l'expérience et, surtout, du discernement dans mes transactions avec les autres. Aujourd'hui, quand j'embauche un artiste, je sais que je ne pourrai jamais lui faire un tel affront, une telle escroquerie. Il a toujours l'heure juste avec moi.

L'écrivain Oscar Wilde a dit : « L'expérience, c'est le nom que chacun donne à ses erreurs. » En fait, lorsque la lumière est jetée sur nos aberrations et celles des autres, nous pouvons agir, réagir et changer ce qui ne nous convient pas. Il faut serrer les poings ou plutôt les ouvrir pour abandonner la rancœur et mieux recevoir les bienfaits de la vie. Persévérer en faisant face aux situations mène habituellement à des résultats satisfaisants.

Il ne faut pas se leurrer. En tant qu'êtres humains, nous sommes tous soumis à la bassesse et à l'*hommerie*, guidés que nous sommes par nos blessures intérieures. Nous ne devons pas oublier que dans tout bouleversement relationnel, une ombre désire atteindre la lumière, mais ne sait trop quel chemin emprunter pour y parvenir. Ces gens placés sur notre route sont un peu comme nos professeurs qui viennent nous enseigner à réagir, certes avec amour, mais aussi avec justesse et prudence. Nous sommes totalement libres de participer au mouvement de la haine, si nous le voulons. De répondre par la vengeance. Par contre, seul l'amour élève la conscience et façonne notre cœur en vue de l'unité et de la paix. Mohandas Gandhi disait : « En opposant la haine à la haine, on ne fait que la répandre, en surface comme en profondeur. » L'amour, lui, se répand aussi partout, mais sous forme de compassion, de générosité et d'ouverture à l'autre. Nous devenons de grands architectes quand notre amour n'englobe plus seulement les personnes faciles à aimer, mais celles dont le cœur s'est fermé devant les aridités de sa vie.

À la suite de cette mésaventure, Suzanne et Rocky Colello ont pris la relève de Pierre et d'Anthony. De véritables perles sur ma route, des soutiens moraux indéfectibles, ils ont joué un rôle majeur dans le rétablissement de mon estime personnelle. Qui a dit : « Les amis sont comme des anges qui nous remettent sur pied quand nos ailes ne se souviennent plus comment voler » ? Leur patience et leur gentillesse à mon égard ont agi comme des baumes salutaires sur mes blessures. Je leur en suis éternellement reconnaissant. Puis, il y a eu Danielle Bernard et Lionel Lavault, des personnes sensibles, aimantes, et très engagées à faire progresser ma carrière. Malgré les barrières de peur, difficiles à effacer dans mon esprit, tous ces gens m'ont donné la main pour que je reprenne le cheval de bataille, les rênes de ma vie. Après tant de luttes, allais-je de nouveau retrouver le plaisir de chanter ? Oui. On n'échappe pas à sa passion.

SONY MUSIC

Suzanne et Rocky étaient allés rencontrer Vito Luprano, directeur artistique de Sony Music, afin de lui proposer de faire un album avec moi. Sony m'offrit un contrat pour sept albums. Cela a été le début de quelque chose de vraiment beau ! Cette équipe a ouvert la « machine », comme on dit en bon québécois, et le succès a suivi…

Je ne me retrouvais pas n'importe où, mais bien à la maison de disques de Michael Jackson et de plusieurs autres grands noms, tels que Céline Dion et Whitney Houston. Après l'épopée médiatique dont j'avais fait les frais, je me voyais enfin entouré d'une équipe solide.

Dès la sortie de l'album *Pelchat*, la chanson *Pleurs dans la pluie* a connu un succès phénoménal et atteint des sommets du

À la remise du disque platine pour *Pelchat* en 1993, entouré de Bill Rotary, Vito Luprano, Suzanne et Rocky Colello, Terry Chiazza et Jean Lamothe.

palmarès. Avec un nouveau look, je reprenais soudain ma place au sein de l'industrie. Lors du gala de l'ADISQ, *Pelchat* fut consacré l'album de l'année.

Ce fut l'explosion totale, je fis la première partie du spectacle de Madonna au Stade olympique avant d'entreprendre une immense tournée avec Donald K. Donald à travers le pays. Un an après cette sortie fulgurante, l'animatrice Sonia Benezra soulignait mon 30e anniversaire de naissance dans le cadre de son émission. Quelle surprise de voir mes parents en direct, via satellite de Dolbeau ! Et tout autant de voir ma chanteuse préférée, Ginette Reno, apparaître le sourire aux lèvres avec un gâteau d'anniversaire dans les mains ! Quelques semaines plus tard, je recevais pour la première fois de ma carrière un disque platine représentant un succès commercial de 100 000 exemplaires vendus. Cet appui du public ne pouvait mieux tomber. Il renforça mon désir de poursuivre la route, de m'améliorer et d'offrir toujours le meilleur de moi-même.

En entrevue avec Sonia Benezra, une femme charmante, à qui on n'a pas donné beaucoup de chance...

Mon deuxième disque avec Sony coïncidait avec le début de la carrière de Céline Dion en anglais. Vito Luprano, promu président section Québec pour Sony Music, se trouvait de moins en moins présent à Montréal. Il s'affairait à ouvrir les grandes vannes pour Céline sur le marché étasunien. Conséquence: il me consacrait peu de temps. Je comprenais très bien que cette ouverture pour Céline Dion demeurait primordiale et que Sony ne pouvait manquer son coup. Néanmoins, je me retrouvais dans une situation similaire à celle de mes débuts avec Guy Cloutier, alors que sa priorité revenait à Nathalie et René Simard. Amer, je me disais que Sony aurait pu engager un autre directeur artistique à Montréal, pour s'occuper des autres vedettes montantes. Comme ce ne fut pas le cas, des artistes écopèrent de l'absence de Vito, très sollicité par Céline et René.

Certes, Sony a gagné son pari et j'en suis absolument heureux, car Céline, avec son talent époustouflant, méritait un tel déploiement. Mon seul bémol: avoir été mis quelque peu au rancart. Même si la conjoncture décevait mes aspirations, ces dernières n'en demeuraient pas moins toujours fortes et présentes.

Mon second album chez Sony, *C'est la vie!* (adaptation française de la chanson d'Emerson Lake and Palmer) enregistrée en février 1995, fut quelque peu bâclé et réalisé à la sauvette – Vito l'a dit lui-même par la suite. Les ventes ont tout de même grimpé pour atteindre les 105 000 exemplaires. Deux autres succès couronnèrent ce projet: *Le bleu du ciel* et *Le semeur*, chanson si importante à mon cœur, écrite en hommage à mon grand-père Pelchat.

En 1997, Aldo Nova me téléphone pour m'informer qu'on cherche un artiste pour jouer Pablo Picasso en Europe et qu'il a entendu dire que des auditions ont cours à Montréal. Il me dirige vers le responsable du casting que j'appelle pour passer une audition. Dès que j'entonnai ma chanson interprétée a capella devant l'équipe de production, le parolier du spectacle se lève et me demande si je suis libre d'aller à Paris la semaine suivante afin d'y rencontrer le metteur en scène, Robert Hossein. On m'offrit alors l'opportunité d'interpréter Pablo Picasso dans la comédie musicale *La vie en bleu* en France. Pour éviter que mon public ne m'oublie durant cette absence, j'avais demandé à Vito de sortir une compilation de tous mes succès. On en profita pour mettre la chanson *Vivre en bleu*, la chanson phare de la comédie musicale, puis Erick Benzi, qui travaillait avec Céline sur l'album *Deux*, qu'elle avait fait avec Jean-Jacques Goldman, m'a écrit *Géant à genoux*. L'album *Incontournables* sortit donc en 1998. Même si les ventes ne furent pas concluantes, cette anthologie a vu le jour au moment opportun, m'assurant une présence sur le marché.

Depuis ma rupture de contrat avec Pierre et Anthony, j'avais toujours gardé contact avec Guy Cloutier pour lui demander des conseils. Il venait à mon appartement, dans le Vieux-Montréal, et prenait le temps d'échanger avec moi et de me guider. Il a toujours été là quand j'en avais besoin. Je le remercie de sa fidélité. Guy, qui avait les droits sur mes deux premiers albums, lança également une compilation *Mes premières chansons*.

À mon retour, je sentais le besoin d'obtenir du nouveau matériel et de grandes chansons. Mais en raison de mes rapports mitigés avec l'équipe de Sony, je ne sentais pas qu'ils allaient me les procurer, et c'est là que j'ai découvert que mon dernier album comportait plusieurs reprises dont *Pleurs dans la pluie*, littéralement une version française de *Tears in the rain*, de Jennifer Rush. On m'avait pourtant certifié qu'on avait écrit cette chanson juste pour moi. Un jour, en entrevue radiophonique, l'animateur mentionna: « J'imagine que vous aimez la chanson *Tears in the rain* de Jennifer Rush. Voilà pourquoi vous l'avez enregistrée en version française. » Quel choc d'apprendre cette nouvelle sur les ondes radiophoniques! Gardant mon sang-froid, je lui ai répondu qu'effectivement, j'aimais beaucoup cette chanson, mais j'étais hors de moi, pour ce manque de transparence et d'honnêteté.

Si l'équipe de Sony m'avait dit: « Mario, il s'agit d'une reprise », j'aurais sûrement dit: « OK ». Malheureusement, on m'avait caché la vérité et je me promenais un peu partout dans les médias, laissé dans l'ignorance.

Ce même album incluait aussi *Quitte-moi*, une reprise de *Walk away* de Michael Bolton et Diane Warren. « Ces chansons ont été écrites spécialement pour toi », m'avait-on dit. « Bolton a tripé sur ta voix. » Je croyais sans l'ombre d'un doute ces affirmations. Pourquoi en aurais-je douté, de toute façon ? Alors, imaginez ma stupéfaction lorsque, en visite chez mon frère Éric au Lac-Saint-Jean, il me sortit deux vieux disques, dont celui de Michael Bolton et *You can find faith* de Faith Hill, devenu (Fais confiance) par moi. J'apprenais que ces fameuses primeurs ne se révélaient que des reprises, des traductions. Je bouillais en dedans de moi. Mon frère, un amateur et grand acheteur de musique, le savait, lui.

Photo promotionnelle pour l'album *VII*.

Je ne débattrai pas le fait qu'il s'agissait de bonnes chansons. *Pleurs dans la pluie* demeure un incontournable qui suscite encore et encore un grand intérêt. Je ne peux pas le nier, mais j'aurais aimé connaître la vérité. Pourquoi la cacher ? Mais bon, nous en avons vendu 200 000, effectué une belle tournée, gagné le Félix de l'album de l'année…

Pour l'album *VII*, je me suis aventuré à écrire quelques chansons : *Renaître à la vie, Les cèdres du Liban, Un enfant, Je n't'aime plus* et *Je dois vivre.* Enfin je mettais sur papier mes paroles, mon ressenti. Pourtant, à l'écoute de mes chansons, Vito s'exclama : « Mais ce n'est pas toi, ça ! » Et moi de m'emporter : « Comment ça, pas moi ! Ben voyons donc ! Je les ai écrites et ce n'est pas moi ! Absurde ! »

Les cèdres du Liban s'avérait un hommage aux Libanais qui m'avaient invité à leur présenter des concerts au Ceasar's Palace de Beyrouth en 1996. En guise de reconnaissance pour leur accueil, j'ai composé cette chanson que j'ai présentée sur l'album *VII,* en 1999. Les Libanais furent très touchés par mon geste. Leur gentillesse, leur joie de vivre, leur hospitalité, de même que la ville dévastée de Beyrouth, ont inspiré mon écriture. J'ignorais que mes chansons jouaient régulièrement à la station de radio *RML 99 FM* et que j'avais des milliers de fervents admirateurs dans ce pays. Voilà pourquoi je n'avais pas pris au sérieux leurs premières invitations. Je croyais à une plaisanterie, ça ne se pouvait pas et même mes gérants de l'époque doutaient de leur sincérité. Pourtant, les promoteurs là-bas nous disaient : « Non seulement on souhaite que Mario Pelchat se produise chez nous, mais voici la liste des chansons qu'on veut entendre lors de son concert. » Devant le sérieux des organisateurs, nous avons accepté d'y aller. Le Liban, ce n'est quand même pas rien !

Peu de temps après, j'ai été consacré le chanteur de l'année au Liban. J'ai reçu également le prix des chansons ayant le plus tourné durant l'année à *RML 99.* Étrangement, des chansons à peine reconnues au Québec s'avéraient des succès au Liban, dont : *L'otage* (tirée de l'album *Mario Pelchat* de 1988) et *N'importe où* (tirée de l'album *C'est la vie !* de 1995).

Mon séjour au Liban a même eu des répercussions au Québec. Le jour de mon retour en terre québécoise, de nombreux admirateurs m'attendaient à l'aéroport. Des journalistes avaient rapporté dans les médias mon extraordinaire performance dans cette contrée du Proche-Orient.

Malgré les intentions de l'équipe de Sony, je n'ai jamais percé aux États-Unis. J'avais même suivi des cours d'anglais chez Berlitz. Au fond de mon cœur, aucun désir sérieux d'embrasser une carrière chez nos voisins du Sud ne m'animait vraiment. J'écrivais des chansons en français et je souhaitais, de surcroît, les chanter en français. J'aime la langue française, j'aime l'écrire, la parler et la découvrir sans cesse. Cette langue à la fois complexe et riche mérite tellement d'être approfondie. À cette époque, je ne faisais pas pleinement confiance à ma plume et à mon talent de parolier. Une grande amie, Lynda Lemay – cette auteure-compositrice-interprète au grand talent –, n'a eu de cesse que de m'aider à découvrir et parfaire mes aptitudes dans ce domaine.

Étant donné l'entêtement qui me caractérise si bien, j'ai refusé l'offre alléchante du marché américain. Avec le recul, je crois sincèrement que j'aurais pu connaître un certain succès aux États-Unis. À l'époque, la peur et le manque de confiance et d'expérience ont sans doute contribué à freiner mon élan. De plus, je dois l'admettre, je n'avais pas l'ambition de Céline Dion. Au contraire, j'éprouvais le syndrome du Québécois qui pense que le succès ne traverse pas nos frontières. Bien sûr, il m'arrive encore de me demander si je ne suis pas passé à côté de quelque chose d'important… Malgré cela, me faire confiance, quitter Sony, me produire et mettre de l'avant des chansons dans lesquelles je croyais, tout cela m'a été salutaire. L'album a connu un succès énorme et *Je n't'aime plus* remporta le Félix de la chanson de l'année. J'étais ravi d'autant plus que, comble de ridicule, l'album *VII* avait été ignoré dans les nominations ainsi que moi-même comme interprète… En remportant le Félix de la chanson de l'année, dans mon cœur, ça les incluait tous !!!

Avec beaucoup d'audace, j'ai donc décidé de quitter Sony. J'avais peu d'argent, et pas suffisamment pour produire et soutenir toutes les opérations de mise en marché. La promotion, c'est ce qui est le plus important, et je ne voulais pas la rater. Je ne tenais pas à quitter Sony pour être moins fort, alors j'ai trouvé des investisseurs qui ont cru en mon projet et qui ont eu raison, je pense, car l'investissement fut très rentable. Même si je connaissais moins le côté administratif, j'étais prêt à m'occuper de tout, et c'est de toucher à tous les aspects du métier qui m'a permis de devenir un vrai producteur.

En coproduction avec Zone 3, nous avons sorti l'album *Pelchat 20|0Ƨ*[3]. J'avais eu le flash en pleine nuit, je le trouvais génial. Ça faisait 20-20 et ça marquait 20 ans de la sortie du premier disque. Puis, toujours avec Zone 3, qui rêvait de produire ma tournée de spectacles pour *VII*, nous avons lancé l'album *Live* (à guichets fermés).

MP3

En mai 2004, était venu pour moi le temps de faire cavalier seul. Je fondais ma maison de production MP3 et notre premier projet, l'album *Noël avec Jireh Gospel Choir*, connut un succès retentissant avec plus de 120 000 exemplaires vendus.

Fort de mon succès pour Don Carlos dans la pièce *Don Juan* qui nous emmena à Paris, en 2005, Lionel Lavault, ce Parisien d'origine que j'avais connu aux productions Guy Cloutier, et qui était maintenant mon gérant, m'a fortement recommandé de sortir un album en France. Nous avons présenté l'album *VII*, le plus représentatif de ce que j'étais à ce moment-là. Il eut été sans

3. En mettant le premier 20 sur une feuille de papier et en mettant le deuxième 20 avec le 2 inversé, quand on plie la feuille, les deux 20 se font face, soit 2002. Voilà ce que Mario trouvait génial.

intérêt de leur faire entendre tout mon répertoire puisque j'avais considérablement changé. Lionel est allé rencontrer plusieurs maisons de disques, dont EMI, qui étaient non seulement enchantés, mais impressionnés par ma voix. Ils voyaient en moi un nouveau Michel Sardou. Tous y croyaient, autant Benjamin Chulvanij, le directeur de la maison de disques, que les gens présents à la rencontre. Nous avions fait des orchestrations sur une partie de l'album et malheureusement, sa production terminée, ils n'étaient pas satisfaits et l'ont refait et refait, ça n'en finissait plus. Ils ont investi beaucoup d'argent dans ce CD (un investissement de plus de 300 000 euros).

Au moment de sortir l'album, tout le monde a perdu son emploi, de même que Benjamin, puisqu'une compagnie britannique a acheté EMI. Nous nous étions retrouvés à la mauvaise place au mauvais moment. L'album a connu son succès ici, au Québec, mais n'a malheureusement jamais vu le jour en France.

Les réalisateurs de l'album *Le monde où je vais*, Frank Eulry, Jean-Félix Lalanne et Catherine Lara, ont eu eux aussi l'idée de me produire en duo avec des chanteuses exceptionnelles. Mon duo avec la chanteuse belge, Maurane, fait figure d'apothéose dans ma carrière. Cette femme, à mon avis, possède le plus beau des diamants dans la gorge. Quelle chanteuse ! Je ne peux, non plus, passer sous silence mon duo avec Lynda Lemay : *Chacun fait sa musique.* Un autre grand moment !

Une tournée s'ensuivit, *Les villes où je vais,* menant à un grand succès : 90 soirs à guichets fermés. Au terme de ces représentations, on nous a même remis un billet d'or pour plus de 50 000 billets vendus.

Puis en 2008, Lionel qui était un grand collectionneur de disques, a eu l'idée de m'offrir un CD sur lequel se trouvaient des chansons, pour au moins six heures d'écoute. Comme je partais pour le Lac-Saint-Jean, il m'a dit : « Tu écouteras ces œuvres choisies en chemin. » Rendu à Trois-Rivières, je l'ai appelé pour lui mentionner à quel point les chansons s'avéraient magnifiques. J'en connaissais quelques-unes dont : *Les parapluies de Cherbourg* et *How Do You Keep the Music Playing?* Intrigué, je lui ai demandé ce qu'il avait en tête.

« Que dirais-tu d'un album avec les chansons de Michel Legrand ? »

Nous étions à l'époque des « reprises ». Je lui ai rétorqué du tac au tac

« Je n'aime pas suivre la mode.

– Ouais ! Bien sûr qu'il s'agira de reprises, mais là, ce sera différent. Il chantera avec toi sur le disque. »

Je lui ai répondu d'un souffle :

« Comment ça, avec moi ? Je ne le connais pas !

– Laisse-moi ça entre les mains, je vais approcher son gérant. »

À la première heure, le lendemain, il lui envoyait mon album *VII* et quelques-uns de mes autres disques. Peu de temps après, Michel Legrand lui téléphona d'Europe pour lui dire :

« J'aime beaucoup sa voix. Je serais ravi de chanter avec cet homme, non seulement sur disque, mais aussi sur scène. »

Je ne touchais plus terre. Je n'en revenais pas ! Tout de même, il ne s'agissait pas de n'importe qui ! Michel Legrand s'avérait une notoriété autant en Europe qu'aux États-Unis ! Il chantait avec Tony Bennett, jouait dans des clubs de jazz prestigieux et avec les plus grands musiciens de jazz du monde. Bref, tout le monde *tripait* sur ce grand artiste. Aujourd'hui encore, il demeure un monstre sacré dans l'industrie du jazz.

Finalement, travailler avec Michel Legrand fut pour moi une école extraordinaire. En fait, l'aventure avec lui demeure

En janvier 2010, avec Michel Legrand à la salle Pleyel de Paris.

l'expérience de ma vie. Quel compositeur ! Il a connu du succès dans les années 50, 60, 70, 80, 90… 2000, 2010… Et ça continue. C'est extraordinaire ! Il a composé plus de 150 musiques de films, il a remporté trois Oscars, deux Golden Globes, trois sélections au César de la meilleure musique écrite pour un film ; le 5 décembre 2007, la faculté de musique de l'Université de Montréal lui décernait un doctorat honorifique soulignant sa prestigieuse carrière ; et j'en passe. C'est phénoménal ! Chacune de ses chansons est un diamant taillé. Quand nous avons enregistré l'album Mario *Pelchat / Michel Legrand*, en 2009, j'ai eu l'impression de le faire avec Mozart lui-même en studio. Nous devions tous deux avoir un rendez-vous dans le temps, tellement le synchronisme était de la partie. Eddy Marnay m'avait mentionné qu'il me serait difficile de percer sans grandes chansons. Que pouvais-je demander de plus ? Je me retrouvais avec le plus grand compositeur.

Pourtant, je dois l'admettre, j'étais terrorisé à l'idée de cet enregistrement. Mon grand défi consistait à enregistrer *live* pendant que Michel Legrand jouait au piano, accompagné par tous les musiciens. Cette façon de procéder ne m'était pas familière puisque les enregistrements des instruments et des voix sont maintenant réalisés de manières successives. Pour Michel Legrand: « La musique, c'est comme l'amour, ça se fait "ensemble"! »

Je me sentais également inquiet à l'idée de chanter du jazz, mais l'enregistrement de la chanson *Brûle pas tes doigts*, toujours avec Michel Legrand au piano, en plus d'un batteur et d'un contrebassiste, s'est finalement passé avec beaucoup plus d'aisance que je l'anticipais au départ.

Je savais que Michel Legrand m'avait en haute estime. Je voulais être à la hauteur. Un jour, lors d'une entrevue, ce grand compositeur a déclaré: « Il y a des interprètes comme Barbra Streisand, Frank Sinatra, Mario Pelchat [...] qui tout à coup, s'emparent de mes chansons. Et quand ces gens-là chantent mon matériel, quand ils chantent, c'est encore plus beau [...] Chaque fois que je cherche une place fraîche sur l'oreiller de mon insomnie, il m'arrive quelque chose de nouveau. Puis est arrivé le projet avec Mario. C'est un moment délicieux et quelque chose de précieux. On est toujours à la recherche de ça. »

Je m'étais préparé pour que ce disque soit le meilleur de tous. Œuvrer avec Michel Legrand, et je le répète avec les yeux pleins d'eau, ce fut la plus belle expérience de ma vie. Nous éprouvons tous les deux la même passion. Comment ne pas exulter d'une joie profonde à la simple idée d'enregistrer des chansons telles que: *Les parapluies de Cherbourg*; *La chanson de Maxence*; *Un parfum de fin du monde*; *Moi je suis là*; *How Do You Keep The Music Playing*? (avec Dionne Warwick); *L'été 42*; *L'addition*; *Les moulins de mon cœur*; *Comme elle est longue à mourir ma jeunesse*; *Brûle pas tes doigts*; *La valse des lilas*; *Rupture*; *Elle a, elle a pas* (avec Michel Legrand); *Je vivrai sans toi*; *Un ami s'en est allé*?

La chanson *How Do You* Keep *the Music Playing*? je l'avais déjà enregistrée seul en studio, mais je désirais particulièrement la faire en duo. Michel Legrand me demanda avec quelle personne j'aimerais la chanter. Sachant qu'il connaissait tout le monde, j'ai osé lancer le nom : Dionne Warwick. À ma grande surprise, il s'est tourné vers son agent et lui a lancé : « On lui téléphone. »

Cet appel a été fructueux, car cette célèbre chanteuse est venue à Montréal et nous avons enregistré la chanson ensemble. Une femme exceptionnelle ! Par la suite, nous l'avons chantée en duo sur des scènes de Washington, de New York et de Boston et, finalement, à Las Vegas, au MGM Grand, pour ses 50 ans de carrière. La salle, pleine à craquer, était impressionnante.

Avec Dionne Warwick, nous venons d'enregistrer notre duo pour l'album Mario Pelchat/Michel Legrand.

Jon Voight (le père d'Angelina Jolie) animait cette soirée. Plusieurs artistes défilèrent sur scène dont Jerry Lewis et George Benson. J'ai eu l'occasion de converser un peu avec ce dernier ; un homme d'une extrême gentillesse. Étant le seul chanteur francophone du spectacle, j'ai interprété *Un parfum de fin du monde* accompagné par 80 musiciens. Un autre souvenir impérissable !

Par un heureux hasard, cette semaine-là, on me donna la fonction de porte-parole des Rendez-vous de la francophonie pour le Canada. Ce titre cadrait bien avec mon désir de m'illustrer en français en terre états-unienne. Sur les scènes des trois premières villes américaines, j'ai chanté des chansons en anglais, mais aussi en français, puisqu'on me présentait comme un chanteur francophone. Les Américains adorent entendre les chansons françaises. Après celles-ci, je récoltais toujours de plus gros applaudissements.

Le 11 avril 2009, j'ai vécu un autre moment mémorable. Michel Legrand et moi présentions un spectacle au Capitole de Québec lorsqu'une panne d'électricité nous a surpris durant les 15 premières minutes. Le spectacle en a été enrichi, car au lieu de cesser la présentation, j'ai chanté sans micro dans le noir tandis que les doigts de Michel dansaient et couraient sur le piano. Des spectateurs, présents ce soir-là, me parlent encore de cette expérience unique.

Au Capitole de Québec, nous venons de sortir de scène, Michel Legrand et moi. Malgré une panne d'électricité, le spectacle a tout de même été une réussite...

DERNIER ALBUM : *TOUJOURS DE NOUS*

Après *Mario Pelchat / Michel Legrand*, j'ai décidé, en 2010, de produire l'album *Toujours de nous.* Je rêvais de travailler un jour avec l'auteur-compositeur-interprète Steve Marin. Pour que je découvre son travail, le réalisateur de mon clip *Aimer*, Martin Fournier, me présenta celui qu'il avait effectué avec ce chanteur. En entendant *On donne*, je lui mentionnai plutôt à quel point la chanson m'impressionnait. Alors qu'il cherchait à me montrer les images, je « tripais sur la toune ». Je me suis informé de l'auteur… Réponse : Steve Marin.

En achetant son CD, j'étais tombé sous le charme de son style d'écriture. Chaque jour, je me disais : « Je dois travailler avec ce gars-là. » En 2010, quatre ans plus tard, j'avais toujours son nom en tête, alors je l'appelle : « Salut Steve, c'est Mario Pelchat. »

Ayant entendu parler de moi comme admirateur de ses œuvres, il a aussitôt éclaté de rire, nullement surpris de mon appel. Je lui ai expliqué le but de ma démarche. « C'est sérieux, je veux qu'on travaille ensemble. »

Cet être exceptionnel a accepté de venir me rencontrer chez moi. Nous avons longtemps discuté. Je lui ai raconté mon pacours de vie en détail. Deux jours plus tard, il me revenait avec la chanson *Toujours de nous.* Par cette chanson, je voyais mon histoire défiler devant moi. J'étais estomaqué. À partir de ce moment-là, tout a pris forme…

Pour cet album, j'ai également fait appel à l'auteur-compositeur-interprète Frédérick Baron qui m'avait offert la chanson *Chaque année,* que j'ai enregistrée sur mon album *Noël avec Jireh Gospel Choir*, en 2004. De plus, j'avais déjà remarqué la beauté de ses textes alors qu'il travaillait sur le premier album éponyme d'Ima. Malgré ma participation à cet album et sa collaboration au mien, je ne l'avais jamais rencontré. Je le joins par téléphone.

« Frédérick, ici Mario Pelchat.

– Quel plaisir !

– Je voulais te dire que je suis tombé en bas de ma chaise en lisant tes textes. Tu as une plume extraordinaire. J'aimerais que tu écrives pour moi. »

Cette personne, dotée d'une belle et grande sensibilité, a accepté sans hésiter ma proposition. Puis, il m'a écrit une chanson magnifique, que j'appelle « mon *My Way* » : *Je partirai.*

Le temps de dire un dernier mot
À ceux qui m'ont aimé
Le temps de dire ce qui est beau
Que jamais je n'oublierai et je partirai
Le temps de dire ce que je n'ai pas pu, de passer aux aveux
De libérer le retenu, l'eau cachée dans mes yeux, puis je m'en irai
Le temps de dire qu'il faut du temps pour apprendre à quitter et je partirai

Loin de tout, sans rancœur
Loin de vous, près du cœur
Le devoir accompli, presque au soir de ma vie
Loin de vous, mais plus près que jamais

Le temps de dire qu'il faut le prendre, ce temps qui m'a manqué
Le temps de rire aux gestes tendres que j'ai à rattraper, puis je vous quitterai
Le temps de dire qu'il faut du temps pour apprendre à aimer et je partirai

Loin de tout, sans rancœur
Loin de vous, près du cœur
Le devoir accompli, presque au soir de ma vie
Loin de vous, mais plus près que jamais

Loin de tout, sans rancœur
Loin de vous, près du cœur
Le devoir accompli, presque au soir de ma vie
Loin de vous, mais plus près que jamais.
Le temps de chanter mes chansons, une dernière fois. Et je partirai.

Nous avons ensuite coécrit une chanson pour Marie-Élaine Thibert : *Une force en toi* ; son album s'est écoulé à plus de 300 000 exemplaires. Par la suite, Frédérick a écrit pour des noms prestigieux aussi bien ici qu'en Europe.

Du point de vue des ventes, et compte tenu de la conjoncture économique dans l'industrie du disque (nous ne sommes plus dans les années où les albums se vendaient à 250 000 exemplaires), *Toujours de nous* demeure mon meilleur album… bien sûr, avant le prochain !

LE BOÎTIER

En 2012, j'ai eu l'envie d'offrir à mes admirateurs et aux collectionneurs un coffret intitulé *Je suis un chanteur*, regroupant mes 15 CD (dont un album double), soit 187 chansons. L'idée du coffret m'est venue en janvier 2011, alors que s'amorçait la tournée *Toujours de nous*, soulignant mes 30 ans de carrière. À l'intérieur du boîtier se trouve un livret de 64 pages comportant des photos d'archives et des textes résumant mes trois décennies dans la chanson. Je n'ai pas lésiné pour offrir un produit de qualité. Au bout de quelques semaines à peine, nous avons dû rééditer le coffret. Étant moi-même friand d'œuvres intégrales d'artistes, autant français qu'américains, je sais à quel point de telles collections valent leur pesant d'or.

Au moment de la production, n'étant pas en possession de tous mes CD, j'ai dû les emprunter à une grande admiratrice de Québec, Denise Robin qui, avec l'aide de sa sœur Diane, collectionne depuis des années tout ce qui concerne ma carrière : articles de journaux, disques, affiches, émissions de télévision, etc. Une des chambres de sa maison, qu'elle a surnommée *La Pelchambre*, a été consacrée à archiver ces innombrables informations. Puis, faute d'espace, elle a été déménagée dans son sous-sol. Vraiment, on se croirait presque dans un musée. Sans ces deux femmes, il m'aurait été impossible de retrouver la plupart de ces documents. Elles me sont très précieuses.

Dans mon coffret, on retrouve aussi des hommages que j'ai rendus à des grands de la chanson : Joe Dassin et Claude Léveillée. De plus, un CD comporte tous les inédits, les chansons orphelines que j'appelle I.E. qui ne sont pas parus sur des albums. Le plus gros du travail a été de retrouver le matériel et d'obtenir les droits de production. Quelle fierté, aujourd'hui, de tenir dans mes mains une collection retraçant mes 30 années de carrière !

Le 1er février 2012, jour de mon anniversaire, j'ai eu le bonheur de partager la scène et de renouer avec Michel Legrand, cette légende vivante, dans le cadre d'une série de concerts à Saint-Pétersbourg, au Great Concert Hall Oktyabrsky. La première se déroulait devant une salle comble et très chaleureuse. Le lendemain, nous renouvelions l'expérience au Crocus City Hall. Un orchestre de chambre nous accompagnait ce soir-là, le grand violoniste concertiste et grand chef d'orchestre russe, Vladimir Teodorovitch Spivakov est venu rendre un hommage à Michel Legrand pour souligner son 80e anniversaire de naissance. Il était absolument fantastique ! Son talent ne se limite pas à combler de bonheur ses auditeurs ; il aide des milliers d'enfants orphelins et malades au moyen de la Fondation internationale de bienfaisance Vladimir Spivakov, fondée par le maestro lui-même, en mai 1994. Grâce à des conditions favorables qui leur sont offertes, le talent de certains de ces jeunes a pu s'épanouir dans une atmosphère saine et respectueuse. Plus de 800 d'entre eux – des musiciens, des peintres, des danseurs – ont pu recevoir des bourses de cette fondation, dont 350 ont été les lauréats de différents concours et festivals internationaux.

Grâce à cette même fondation, plus de 200 enfants ont reçu une assistance médicale, dont des opérations chirurgicales complexes. C'est exceptionnel d'avoir pu côtoyer, pendant trois jours, des gens qui ont su contribuer à faire la différence dans la vie d'autres personnes, particulièrement de jeunes, non seulement sur le plan médical, mais aussi sur le plan créatif.

Au-delà de l'architecture qui m'a littéralement séduit, dans ce pays fortement urbanisé au froid incomparable, j'ai apprécié la gentillesse des Russes. Quel choc de découvrir qu'autant de fans t'admirent en Russie ! Une jeune femme a même voyagé trois jours en train depuis la Sibérie pour venir assister au spectacle. Autre moment émouvant : me retrouver avec Michel Legrand sur des affiches dans les rues de Moscou. Quel étrange sentiment d'être si loin de son pays et d'être quand même connu et reconnu !

Encore aujourd'hui, je remercie la vie, mes amis, le public, mes collègues de travail pour leur soutien indéfectible, car souvent, le découragement aurait pu s'immiscer en moi, le superficiel prendre toute la place, mes déboires m'entraîner à l'abattement et l'ambition devenir démesurée. Le grand bonheur d'une personne ne se mesure pas à ses acquis matériels, mais à son cheminement et aux pépites de joie semées dans le cœur des gens. Je me souviendrai toujours des paroles de René Angélil au début de ma carrière : « Mario, sois assuré que le public va oublier ce que tu dis et ce que tu diras, mais ta voix, ta personnalité et les chansons surtout resteront toujours gravées quelque part en eux... »

À la fin d'un spectacle, je reçois plein d'amour. Je n'oublie jamais de féliciter mes musiciens et de souligner chaque fois l'équipe de scène qui œuvre à parfaire les différents aspects de mon spectacle. Elle est très importante, car elle fait partie d'un tout.

Bien sûr, j'ai eu des embûches tout au long de ma carrière. Je ne me suis jamais laissé abattre, même si, parfois, tout semblait concourir à un échec plutôt qu'à une réussite. Il y a des gens pour qui métier et réussite vont de pair. Moi, j'avais plutôt le sentiment de me battre plus que les autres pour obtenir en fin de compte des résultats moins grands. Je travaille depuis 30 ans dans ce métier et si je n'avais pas été tenace comme mon père, il y a longtemps que j'aurais abandonné mon rêve. Oui, vraiment, la persévérance et la ténacité m'ont bien servi...

Avec les années, mes grosses montées d'adrénaline après un spectacle se sont atténuées. Je suis plus fatigué, j'ai vieilli. Après deux heures de spectacle et une heure et demie de signatures d'autographes, je n'ai plus d'énergie. Mon seul désir, alors, c'est d'aller me reposer ou dormir. J'ai appris à être plus équilibré. Quand j'arrive chez moi, je pose le coffre à outils et je me couche. Quand je suis trop fébrile, je m'assois et regarde un peu la télévision. Je suis à l'aube de la cinquantaine. Je n'ai plus 30 ans. Je dois me calmer un peu...

LES COMÉDIES MUSICALES

Ma première comédie musicale fut, bien sûr, celle jouée à 15 ans en compagnie de ma sœur Johanne, en 1979. Il s'agissait de l'opéra rock: *Jésus parmi nous* – dans lequel évoluaient une cinquantaine de participants. Cette première expérience de « groupe » fut l'une des plus déterminantes. Par la suite, j'ai toujours voulu rejouer dans ce genre de spectacle.

Une scène très énergique de *La vie en bleu*, avec celui qui joue Jean Cocteau, nous nous insurgeons contre la critique qui avait démoli un ballet de Cocteau, dont les décors étaient signés par Picasso et la musique par Erik Satie.

Je réitérai l'aventure presque deux décennies plus tard, en 1997, grâce à *La vie en bleu*, produite par Gilbert Coulier, mise en scène par Robert Hossein, portant sur la vie de Picasso pour laquelle j'avais obtenu le rôle, comme je l'ai expliqué précédemment. J'ai joué le rôle de ce grand peintre une trentaine de fois devant le prince de Monaco et sa famille, le roi d'Espagne et plusieurs grands monarques d'Europe. Ce spectacle avait été commandé par le prince pour le 700e de la principauté de Monaco. Puisque Picasso a terminé sa vie sur la Côte d'Azur – il a vécu à Nice et il y était tout le temps – il fréquentait plusieurs restos où il dessinait et où il a laissé de ses œuvres qui se sont vendues à des prix exorbitants. Plus de 118 représentations ont également été offertes au Mogador à Paris, il y avait des affiches partout et je faisais la une des magazines importants avec Robert Hossein.

Mon expérience avec ce dernier fut particulière. En Europe, personne ne me connaissait. J'ai beaucoup appris de lui, il m'a tout montré. Il m'a dévoilé que quand tu joues, *the less is more* (le moins tu en fais, le plus crédible tu es).

Avec Robert Hossein, en répétition pour *La vie en bleu*.

Robert Hossein avait tout un caractère. De sa voix tonitruante, il ne ménageait personne sur le plateau. À la première répétition, lorsque je fus dans sa mire et qu'il s'est mis à hurler, je lui répliquai fermement: « Holà, vous m'expliquez exactement ce que vous voulez et je vais le faire, mais si vous criez, je prends le premier avion pour Montréal! » À partir de cet instant, il m'a respecté. Quand il m'a démontré ce qu'il voulait précisément, c'était tellement beau et touchant que j'ai pleuré. Dans la scène de *Vivre en bleu*, j'ai donc fait exactement ce qu'il voulait et il m'a dit: « Là tu m'as eu! »

À la fin de la tournée, en Europe, on me donna le titre de « grand rassembleur ». Il en fut ainsi pour *Notre-Dame de Paris*. Je reçus même un cadeau pour mon rôle de « meneur » dans la troupe.

D'être comme mon père, un rassembleur, un chef de file, ça me rendait fier. Quand j'étais jeune, il aimait aller rencontrer les personnes âgées. Nous partions le dimanche et nous allions visiter mes grands-oncles et mes grands-tantes. Je le sentais avide de leur parler et de les écouter, me soulignant sans cesse à quel point chacun d'eux possède un bagage précieux à livrer. Mon père m'a beaucoup appris par son simple contact avec des gens de l'âge d'or. J'ai aimé le suivre, écouter ces personnes raconter leurs histoires. C'est un peu comme si j'apprenais déjà le concept d'équipe.

De plus, je tiens aussi mes qualités de rassembleur de ma mère, une battante, une persévérante. Elle possède ce flair de déceler ce qui marche ou non. Elle suit son code routier, elle est constante. Elle ressemble à la femme forte de l'Évangile. Ma détermination, par contre, vient surtout de mon père, même si ma mère en a beaucoup. J'ai vu son exigence et son côté perfectionniste quand j'ai travaillé avec lui dans la construction. Il appliquait ce dicton à la lettre: *Ce qui doit être fait mérite d'être bien fait.*

Quand on est rigoureux envers soi-même, on l'est bien souvent envers les autres. Cela peut même devenir difficile à vivre pour l'entourage. Exiger le même rendement avec une certaine rigidité peut être ardu à long terme. Mon père, un entrepreneur à son compte, avait également une pression sur ses épaules. Tous ses travaux devaient être accomplis parfaitement, ou presque, s'il voulait obtenir d'autres contrats, ou être recommandé à d'autres clients dans la région.

Finalement, ce « perfectionnisme » a joué un rôle majeur dans ma façon de travailler, car j'ai dû aller au bout de moi-même, dépasser mes limites, me conformer aux exigences demandées. Le travail exécuté était professionnel et de qualité. Mon père avait raison d'exiger le meilleur de moi-même. Je le sais, maintenant. Aller à la dure école, cela peut être difficile sur le coup, mais avec les années, on comprend toute la portée de l'apprentissage vécu.

Après mon interprétation de Picasso, dans *La vie en bleu*, j'ai fait partie de la deuxième distribution, en 2000-2001, de *Notre-Dame de Paris*, la comédie musicale inspirée du roman de Victor Hugo (publié en 1831), produite par Charles Talar et écrite par Luc Plamondon et Richard Cocciante.

Lors de la première distribution, Luc m'a proposé le rôle de Phœbus, que j'ai refusé. C'était dire non à beaucoup d'argent, mais en même temps, pour moi, c'était reculer pour mieux sauter. Puis, étant donné la popularité grandissante de la comédie musicale et la forte demande, ils ont décidé de faire une seconde distribution. Luc m'a proposé de revenir passer une audition. Je lui ai demandé si c'était pour le rôle de Phœbus. Comme j'avais refusé la première fois, je n'accepterais certainement pas cette fois-ci. Alors, je lui dis : « Je ne veux pas jouer Phœbus ! » Luc m'indiqua qu'il pensait plutôt au rôle de Frollo, le curé. C'était déjà mieux, mais je pensais toujours au rôle de Quasimodo.

Je suis donc allé chez lui pour interpréter la chanson de Frollo : *Tu vas me détruire, tu vas me détruire.* Même si ce n'était pas le rôle que je convoitais, je me suis prêté au jeu. Luc applaudit et me dit: «Bravo». J'étais sur le point de partir, quand je me ravisai: *Si je pars, je quitte encore une fois sans avoir eu la chance de faire Quasimodo.* J'ai alors dit à Luc: «Voyons, tu le sais, Luc, c'est Quasimodo que je veux jouer, laisse-moi chanter *Dieu que le monde est injuste,* merde!» Il a ri et m'a répondu qu'il était d'accord.

Je suis revenu auprès du pianiste qui a sorti sa partition en présence de Charles Talar. Ce dernier venait de m'écouter faire Frollo, mais comme s'il ne voulait pas être celui qui allait prendre la décision, il sortit de la pièce. Je me suis dit alors: *Il n'y a que Luc Plamondon devant moi et je vais tout donner ce que j'ai!* Je me suis donc mis à chanter *Dieu que le monde est injuste,* avec toute la douleur de Quasimodo. Luc a applaudi puis est allé chercher Charles en l'invitant à s'asseoir. Luc m'a redemandé alors: «Mario, chante-la comme tu viens de la faire.» Je l'ai donc refaite de la même façon, et c'est à ce moment-là que Charles m'a dit: «Tu es Quasimodo.» J'étais fier, c'est ce que je voulais.

Un soir, en compagnie de Joe Bocan et Charles Biddle, de bons amis à moi, nous sommes allés assister à la comédie musicale interprétée par les membres de la première distribution, à Montréal. Charles et moi avions été choisis pour incarner les personnages de la seconde distribution. Compte tenu de la couleur de sa peau, on pouvait en déduire que Charles jouerait Clopin, le rôle campé par Luck Merville, mais moi, ils ne pouvaient pas deviner quel personnage je jouerais. Intriguée, Joe me demande: «Quel rôle joueras-tu, Mario?» Je ne pouvais pas le lui révéler, mais elle insista en m'assurant qu'elle serait discrète.

Quand je lui ai mentionné que ce serait Quasimodo, elle ne pouvait pas y croire, car elle ne m'imaginait pas du tout dans la peau de ce bossu de Notre-Dame. Mais voilà, l'aventure a été grandiose, et ce, même si le rôle de Quasimodo était très exigeant, non seulement en raison de la posture toujours penchée que je devais adopter à chaque représentation, mais particulièrement aussi à cause de l'intensité du personnage. Chaque soir, je chantais la souffrance... Ce rôle nécessitait un maquillage très précis et requérait une grande patience, car il fallait beaucoup de temps pour transformer mon visage en un être défiguré et tuméfié.

France D'Amour campait Esmeralda, la jeune bohémienne; Robert Marien incarnait l'archidiacre Frollo; Pierre Bénard-Conway jouait Phœbus, le capitaine de cavalerie; Natasha St-Pier était Fleur-de-Lys, la fiancée de Phœbus; Sylvain Cossette interprétait le troubadour Gringoire; et Charles Biddle Jr jouait Clopin, le chef de la Cour des Miracles. Une superbe distribution! Nous avons donné 250 représentations de cette comédie musicale au Québec, en France, en Belgique, en Italie et au Liban.

Les Dix Commandements, en 2002, fut pour moi une grande épopée, même si elle fut très courte; une éclipse dans ma vie... Alors que je me trouvais à Paris et que la pièce s'y développait, je me suis procuré le disque comportant les chansons de cette comédie musicale. Elles étaient vraiment bien écrites et Daniel Lévi, l'interprète principal, est un chanteur au talent extraordinaire. L'œuvre, composée par le chanteur français Pascal Obispo, Lionel Florence et Patrice Guiras, et mise en scène par le cinéaste Élie Chouraqui, connut un tel succès en Europe, que les producteurs cherchaient à exporter le spectacle au Québec avec la distribution parisienne. On les avisa rapidement qu'afin d'attirer des spectateurs, ils auraient tout intérêt à embaucher des artistes québécois.

Au départ, présenter une telle comédie musicale semblait fort risqué... Il faut se rappeler que *Les Dix Commandements* représentaient une histoire religieuse et que le public québécois s'investissait de moins en moins dans le catholicisme. Pour que les gens achètent des billets, ils devaient donc trouver des têtes d'affiche du Québec. Même si la chanson-thème *L'envie d'aimer* remportait un succès à la radio, l'album ne se vendait pas

Moïse, quel personnage extraordinaire ! Incarner cet homme a été vraiment impressionnant pour moi. J'aimais beaucoup le film *Les Dix Commandements* avec Charlton Heston et l'histoire de Moïse, ce patriarche biblique, mais le jouer sur scène a été révélateur !

suffisamment au Canada: 25 000 albums écoulés sur le marché demeuraient des ventes insuffisantes. La ville fut placardée d'affiches annonçant la comédie musicale, mais au lieu d'augmenter, les ventes continuèrent de stagner.

Devant cette réalité incontestable, les maîtres d'œuvre ont finalement décidé d'engager des artistes québécois un mois et demi avant la première. Puisque je connaissais l'album, j'ai accepté d'aller passer les auditions. Même si les chansons paraissaient faciles, elles ne l'étaient nullement et demandaient un bon registre de voix. À ma grande surprise et pour mon plus grand bonheur, j'ai obtenu le rôle...

Malheureusement, pour toutes sortes de raisons, dont le prix des billets trop élevé (125$), nous n'avons effectué que 22 représentations. La critique a été assassine, elle a complètement miné notre moral. Pourtant, de toutes les comédies musicales, c'est celle que j'ai le plus aimée. Jouer le personnage de Moïse fut la plus belle expérience de ma vie. Ce rôle, je crois, avait été écrit juste pour moi, tellement je me moulais au personnage de Moïse. J'ai souvenir de ce décor impressionnant et jamais une telle production n'avait été présentée ici; on se serait carrément cru en Égypte. J'ai été terriblement attristé en apprenant l'interruption de cette comédie musicale.

Par la suite, j'ai participé à une audition auprès du chanteur Félix Gray et du producteur Guy Cloutier, afin d'incarner Don Carlos dans la comédie musicale *Don Juan* (2003). Il s'agissait d'une création, je me sentais vraiment à ma place et heureux. Je me suis retrouvé au sein d'une autre distribution exceptionnelle, des artistes dans le cœur et dans l'âme avec qui je suis demeuré lié après l'aventure. Don Juan était interprété par Jean-François Breau; Maria par Marie-Ève Janvier; Raphaël par Philippe Berghella; Isabel par Cassiopée; Elvira par Cindy Daniel; Don Luis par Claude Léveillée et remplacé par Claude Gauthier au pied levé, et le Chanteur par Chico.

À Drummondville, je signe des autographes après un spectacle en 2002.
Je porte la barbe, car je termine à peine la comédie musicale *Les Dix Commandements*.

J'agissais à titre de meilleur ami de Don Juan, sa conscience en quelque sorte… Don Carlos, d'une certaine façon, mettait de l'avant quelques-unes de mes propres valeurs. Tout comme moi, il croyait en l'amour authentique.

Don Juan a connu un succès retentissant : 250 000 albums vendus, 250 représentations tenues autant à Montréal, Québec et Ottawa qu'à Paris, entre février 2004 et avril 2005.

Sur le plateau de *7e ciel.*

Photo promo
pour *Don Juan.*

En 1990, je chante au gala de la Rose d'or au stade olympique, je rencontre Marina qui remporte la palme, et dès lors les médias créent la rumeur selon laquelle nous sommes un couple…

Robert Hossein vient de me montrer ce qu'il veut exactement. Il a essayé en hurlant, mais il s'est vite rendu compte que ça ne marchait pas avec moi…

Ginette Reno arrive sur le plateau de l'émission Sonia Benezra avec un gâteau, le jour de mon 30e anniversaire de naissance.

En janvier 2010, avec Michel Legrand à la salle Pleyel de Paris.

Patrick Bruel en visite sur le plateau de 7e *ciel* en 1990.

Sur le plateau de l'émission de Gaston L'Heureux, *L'Heure G*.

À la Place Montréal Trust, en promotion pour la tournée *Couleur Passion*.

Avec Joe Bocan, au lancement de mon album *Couleur passion* en 1990.

Le jour de mon mariage, j'arrive au bateau au port du Vieux-Québec avec mes parents.

Au gala de l'ADISQ en 2000, juste avant de remporter le Félix de la chanson de l'année pour *Je n't'aime plus.*

Je reviens au St-Denis, ma salle préférée. J'ai fait mes débuts dans cette salle, puis je suis allé dans plusieurs autres, mais ce retour, c'était comme de revenir à la maison…

Le 1er février 1993, avec la jeune Isabelle Boulay avant qu'elle connaisse le succès, au lancement de l'album *Pelchat*.

Claire et moi, un soir de première.

Au forum de Montréal en duo avec Céline Dion, notre duo *Plus haut que moi* en 1993.

Sur le toit de Cité 2000, en 1990, pour la promotion de mon prochain clip *Quand on y croit.*

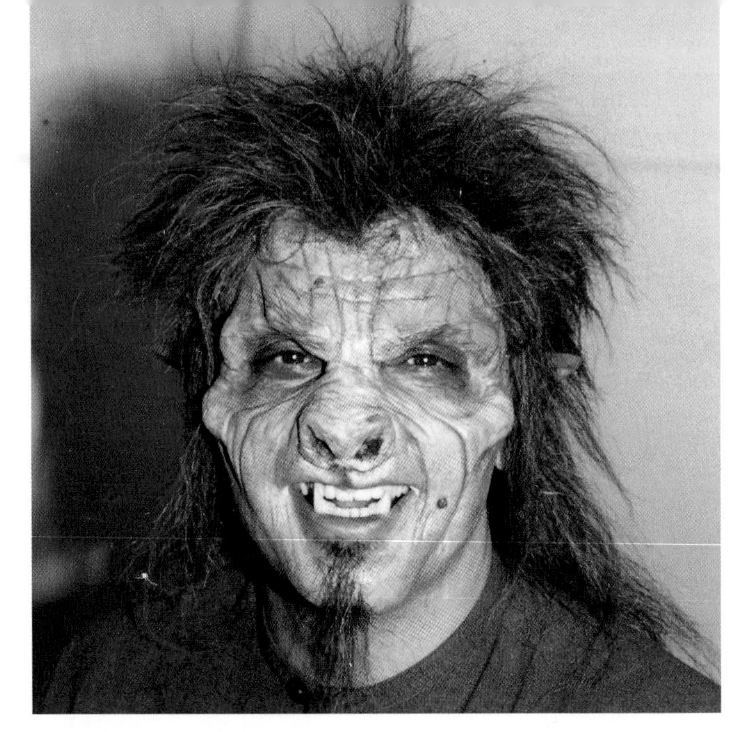

En 1999, à l'Halloween, pour l'émission *La Fureur*, on m'a demandé de me déguiser pour l'occasion. J'ai fait appel aux jumeaux de Twins F X, qui font énormément d'effets spéciaux de films (loups-garous, extraterrestres, monstres) pour des productions hollywoodiennes. Personne ne me reconnaît évidemment…

Mon veston adoré… à vrai dire, je détestais ses franges trop longues qui me « flagellaient » aux moindres mouvements…

Reprendre les rênes de ma vie affective

*« La plus grande distance que l'on peut parcourir
est celle qui nous sépare de la personne
qui est près de nous. »*

Nelle Morton

Mes relations de couple n'ont pas toujours été faciles. La plupart du temps, je me sentais rejeté par mes copines. Avant même de rencontrer Claire, j'ai décidé d'entreprendre une thérapie pour mieux comprendre ma dynamique intérieure. La psychologie m'a toujours intéressé. Dès 18 ans, je lisais *L'Amour et l'enfant* et *Le Cri primal* d'Arthur Janov, ainsi que bien d'autres livres traitant de psychologie infantile. Je cherchais à comprendre l'enfant blessé en moi, incapable de me sentir bien dans ma peau. J'espérais aussi devenir un être plus empathique envers les personnes que je côtoyais et celles avec qui je vivais.

Évidemment, une psychothérapie sérieuse ne se vit pas en quelques semaines et hop, on est guéri ! Une démarche personnelle demande du temps, parfois même de longues années. Elle suppose un désir sincère de voir et d'analyser nos conflits intérieurs pour changer nos comportements et mieux vivre par la suite.

Partir de Montréal pour me rendre à Granby, où demeure mon psychologue, représente un long trajet sur la route. Je n'hésite pas à l'entreprendre, parce que j'éprouve un bien immense à travailler sur mes problèmes aussi bien sur le plan personnel que sur le plan professionnel. Certains pensent que consulter signifie qu'une personne souffre de dépression ou de troubles de santé mentale importants. Il existe bien d'autres raisons, même si ces dernières ne sont pas exclues. En réalité, ce service s'adresse aux personnes de tous les âges, de toutes les races et de toutes les conditions éprouvant le besoin d'être accompagnées dans leurs difficultés psychologiques, relationnelles, sexuelles, comportementales ou psychosomatiques. Moi, heureusement, j'ai une facilité à livrer mes états d'âme. Je raconte tout ce qu'il y a à raconter, cru ou pas cru. Je ne censure rien en thérapie. Le psychologue est là pour nous accueillir et nous aider à sortir d'une certaine léthargie. Pourquoi me priverais-je d'exprimer mes blocages ? Je sais, néanmoins, que certaines personnes sont incapables de se dévoiler, ou si peu. Elles sont prisonnières à l'intérieur d'elles-mêmes. J'aimerais bien les aider, mais je ne possède pas la formation et les outils nécessaires. J'ai essayé auprès de quelques personnes malheureuses. Ça n'a pas marché. J'ai donc cessé de vouloir les « sauver ».

J'ai dû également travailler ma relation de couple en thérapie. Au départ, je ne suis pas un homme facile à vivre. Or, quand mes conflits se conjuguaient avec ceux de ma partenaire, ça pouvait facilement provoquer des flammèches.

J'ai rencontré celle qui deviendrait un jour mon épouse durant une célébration de mariage. Un signe ? Peut-être. Une amie m'avait invité à cette noce. Même scénario pour Claire, conviée par la même personne. Nous étions assis à une table de 10 personnes. Je me retrouvais seul, puisque ma blonde de l'époque travaillait ce jour-là. Claire et Robert me faisaient face, tandis qu'à mes côtés, se trouvait un couple d'amis. Durant le repas, l'un d'eux m'a demandé pourquoi je n'étais pas accompagné. Je leur ai expliqué le contretemps de ma copine. Étonnamment, il chercha ensuite à savoir si Claire m'intéressait.

« Claire ? Mais de qui me parles-tu ? » demandai-je, intrigué par cette question pour le moins étrange.

« De la fille en face de toi. »

Au même instant, la mariée a lancé sa jarretière. J'ai croisé une fraction de seconde les yeux de Robert. Ce regard, aussi fugace fut-il, demeure inscrit dans ma mémoire. Un regard à la fois perçant et si étrange...

Durant la soirée, il entraîna Claire à l'extérieur, car il voulait lui parler de toute urgence. Il lui demanda alors si elle me connaissait.

« Non », répondit-elle.

Contre toute attente et le regard triste, il lui lança une confidence fracassante :

« Une voix m'a dit dans mon cœur : Robert, ce n'est pas toi qui vas marier Claire, mais c'est lui. »

Abasourdie par cette déclaration, à la limite offusquée, Claire a réagi par la négative, lui rétorquant que c'était lui son amoureux et qu'elle l'aimait de tout son cœur. Pour elle, non seulement je n'étais rien de moins qu'un inconnu, mais elle ne portait aucun intérêt à ma personne, pas même minime.

Nos chemins se sont recroisés par la suite, à l'Église universelle de Dieu, où tous les mercredis soir des études bibliques apportaient un nouvel éclairage et une autre dimension à mon parcours de vie. Je comprenais mieux le sens de la vie. Un soir, j'ai vu arriver une femme élancée aux longs cheveux couleur sépia. Une beauté rare. Pendant que je me posais des questions sur elle, une petite voix dans ma tête me disait d'aller à sa rencontre. J'hésitais, car j'en fréquentais déjà une autre. Pour moi, parler ou faire des avances à une autre femme s'apparentait à une tromperie.

Au moment de quitter les lieux, une petite voix intérieure m'a incité à faire les premiers pas. En avançant vers elle, j'ai reconnu aussitôt la fille rencontrée lors du mariage. Au début de notre conversation, elle m'a mentionné avoir un copain ; ce que je savais déjà. Tout de même, je lui ai répondu, un peu déçu, qu'effectivement, une si belle femme ne pouvait demeurer célibataire. Pour meubler la conversation, je lui ai posé quelques questions d'usage, du genre : « Depuis combien de temps fréquentez-vous cette église ? Est-ce que vous aimez ce genre de lecture ? »

À mon arrivée à la maison, j'étais bouleversé. J'ai avoué à ma blonde ma rencontre fortuite. Les jours suivants, ma pensée ne cessait de me porter vers Claire. Au bout d'un certain temps, toujours obnubilé par cette belle grande dame, j'ai rompu avec ma copine pour ne pas lui faire de tort, la blesser. Quand j'ai revu Claire, elle aussi avait quitté son ami.

Comme dans toute histoire d'amour à ses débuts, je ne compte pas les heures passées au téléphone à parler et à discuter de tout, de rien, de nous. Ce fut un long chemin pour Claire, avant de m'accepter dans sa vie, car sortir avec un chanteur, populaire auprès de la gent féminine, demeurait peu sécurisant. D'ailleurs, elle ne comprenait pas cette adulation des gens envers un homme alors que, selon elle, ils devraient davantage se tourner vers Dieu. Parfois, elle me fuyait comme la peste et déplorait l'attitude de ses amies qui étaient si impressionnées en me voyant aux assemblées ou ailleurs.

Tant d'événements sont survenus dans notre vie pour nous placer sur la même route, qu'il me semble difficile de ne pas voir l'aide de Dieu dans cette rencontre. D'ailleurs, je constate un lien entre Claire, ma mère et ma grand-mère, des femmes exceptionnelles se ressemblant à plus d'un point de vue. Autant mon père, mon grand-père que moi avons été attirés par des femmes de tête, empreintes de sagesse et de valeurs spirituelles. Je les appelle les « porteuses de lumière ». Claire veut dire brillante, illustre; Raymonde, *rayon* sur le *monde*; et Lumina, lumière.

Mon grand-père était cultivateur, mon père fils de cultivateur et moi, on s'entend, j'ai reçu cette part d'héritage. Un peu brusque parfois, je manque de fini sur les bords. Grâce à ma profession de chanteur, j'ai progressé dans mes relations interpersonnelles, mais je peux faire mieux.

En raison de mon côté rustre, ma relation avec Claire n'a pas toujours coulé comme une source limpide. Je ne suis pas toujours facile à vivre. J'ai un tempérament musclé, je suis prompt et susceptible, je me lève de temps à autre de mauvaise humeur. Bref, je suis loin d'être l'homme parfait ! Mais grâce à mon recours à la

Sur le bateau Louis-Jolliet, le 7 août 1994, nous convolons en justes noces.

Bible dans les moments difficiles et à des discussions avec mon psychologue, sur mes façons d'agir et de réagir, je comprends mieux le pourquoi de mes sautes d'humeur. Cela ne veut pas dire que les blessures de ma vie passée sont toutes guéries. Non. À ce que je sache, personne n'est parfait en ce monde. Je dois me rallier à cette réalité incontournable, tout en accomplissant les efforts nécessaires pour m'améliorer chaque jour.

Montage photos de notre mariage le 7 août 1994.

Claire et moi, nous nous sommes fréquentés pendant neuf mois avant de nous marier civilement au Palais de justice de Québec, le 5 août 1994. Dans la joie, entourée de nos parents et de nos amis respectifs, nous avons ensuite célébré notre mariage spirituel devant Dieu et les hommes, le 7 août 1994, à bord du bateau *M/V Louis Jolliet*, amarré à Québec.

Lorsque les problèmes ont surgi dans notre vie de couple, j'en ai attribué la responsabilité à l'Église. *Si nous avions vécu en concubinage au lieu de nous marier, me disais-je, peut-être aurions-nous compris qu'une vie à deux était impossible.* Nous nous serions quittés sans autre cérémonie. Aujourd'hui, je ne suis plus de cet avis. Au contraire, notre alliance et nos engagements devant Dieu et l'Église nous ont permis de relever les défis et les épreuves inévitables à toute vie de couple, nous responsabilisant davantage.

Certes, il n'existe pas de femmes et d'hommes parfaits, même si, terré au fond de nous, un petit fond de rêve nous porte à croire que l'être idéal se promène quelque part sur la terre. Ce genre d'idéalisation entretient bien des illusions et des leurres. Par contre, il y a des femmes qui s'en rapprochent et qui nous aident à avancer sur le chemin parfois ardu de la vie. Claire s'avère une perle, une femme spirituelle, une designer de mode, une créatrice talentueuse et inspirée, une personne intelligente et douée, une femme équilibrée et épanouie. J'ai appris à son contact, et à celui des femmes en général, que la psychologie féminine est bien différente de la psychologie masculine ; qu'au lieu de m'opposer aux petits détails, mieux valait m'y harmoniser tout en reconnaissant, à leur fréquentation, mes propres limites.

Certains différends et oppositions entre Claire et moi m'ont amené à demander le divorce sur un coup de tête. Les dernières années ayant été difficiles tant pour la carrière que sur le plan médiatique ; frustré et déçu, j'ai voulu tout détruire, oubliant qu'un Être suprême avait uni nos destinées. Heureusement, c'est

Lui qui nous a permis de revenir ensemble, pour le meilleur et pour le pire, mais surtout, pour le bonheur simple de grandir à deux, cœur à cœur, main dans la main.

Durant cette période de ma vie, j'avais des contacts très restreints avec Claire. On aurait dit que tout concourait à me rendre la vie difficile. J'ai dû faire face à la justice pour une accusation de conduite avec facultés affaiblies. Quand tout s'est de nouveau effondré autour de moi et que certains (je dis bien « certains ») journalistes ont exploité ce « filon », la déprime m'a regagné. Malgré mes tentatives de reprendre le contrôle de ma vie, les tuiles ne cessaient de me tomber sur la tête.

Quand Claire et moi avons divorcé, sur le coup, je me suis senti libéré et j'ai fait la fête. J'essayais de me convaincre que je ne l'aimais plus. Étant un grand émotif et un impulsif, j'ai beaucoup pleuré… Chez nous, dans ma famille, nous avons la larme facile. Un rien nous émeut : une nouvelle, un film, une chanson…

Le jour du divorce a été une épreuve terrible pour Claire. Elle me voyait, l'air débonnaire, signant les papiers à la cour, telle une délivrance, alors que son cœur vivait une grande dévastation.

Quand le divorce a été prononcé, Claire est sortie du palais de justice pour aller s'asseoir dans un petit parc adjacent. Dans sa tristesse incommensurable, elle ne cessait de demander à Dieu : *« Pourquoi ? Seigneur, Tu ne peux pas nous avoir mariés pour que ça finisse par un divorce… »*

Puis, quelque chose d'incroyable a surgi dans son esprit, la réponse qu'elle souhaitait ardemment. « Je ne vous ai pas mariés le 5 mais le 7 août. » Notre mariage civil avait eu lieu le 5 août 1994 – que la Cour a aboli lors de la prononciation du divorce –, mais notre mariage « spirituel » devant Dieu et les hommes avait été célébré 2 jours après, soit le 7 août. Pour Claire, c'était une révélation. Notre mariage, qui unissait nos âmes, ne reposait pas sur une simple loi civile, mais sur une promesse beaucoup plus puissante : une union scellée par Dieu.

Forte de cette révélation, Claire s'est levée, désormais confiante que Dieu ne désunit pas les âmes qu'Il a liées par le mariage. Il ne lui restait plus qu'à prendre son mal en patience. L'attente fut longue…

Après ce divorce, j'ai écrit et enregistré la chanson *Je n't'aime plus*. Avant de la présenter au public, j'ai contacté Claire pour obtenir son assentiment, puisqu'il était question d'elle dans cette chanson. Je lui ai lu mon texte, qui reflétait mes états d'âme.

Dans cette chanson, j'avais consigné toutes mes émotions, tous mes sentiments, tel un cri du cœur. Je possède peu de chansons aussi intenses dans mon répertoire. Chaque fois que je la chante, c'est toujours avec une grande douleur au cœur. En spectacle, les gens semblent aussi émus que moi. Cette composition, issue des profondeurs de mon être, a connu un succès inattendu. Elle est devenue ma chanson phare puisqu'elle m'a donné la crédibilité dont j'avais besoin, en tant qu'auteur. Avec *Je n't'aime plus*, je me suis donné la chance d'exister en tant que parolier et compositeur. Grâce à l'appui du public, elle s'est hissée aux premières loges du palmarès.

Tu n'as rien vu
Qu'un homme qui voulait te prendre
Tu n'as rien vu
Mes failles, mais pas mes gestes tendres
Rien entendu
Quand j'essayais de te comprendre
Damner, condamner tes démons
T'es disparue

Tu n'as rien vu
De l'amour que je respirais
Mon âme à nu
Je l'ai révélée sans regret
Tu n'as rien cru
Tu m'as largué comme un déchet
Comme on méprise sans raison
Un détenu

Tu n'as rien su
De ma douleur et de mon sang
Qui ne bat plus
Que pour inventer des serments
Des coins de rue
Où je t'espère où je t'attends
Ta peau, ton corps et ton prénom
Et ça me tue

Il a fallu
Que tu t'éloignes de ma porte
De ma vue
Pour que je laisse une cohorte
D'inconnus
Alimenter mes nuits, mes jours
Pour protéger mon propre amour
Et mon salut

Tu n'as rien vu
Mon souffle et ma voix qui déraillent
Ne donnent plus
Mon cœur qui craignait la chamaille

A survécu
Quand tu m'as livré la bataille
À coups de haine sans pardon
Sans retenue

Je n'ai pas su
Te posséder te retenir
Je n'ai pas su
Trouver la force d'en mourir
Je n'ai pas su
Trouver les mots pour te le dire
Pour en finir et pour de bon
Je n't'aime plus

Tu l'as cherché tu l'as voulu
Je n't'aime plus
Je suis crevé, je suis vaincu
Je n'ai pas su
Trouver les mots pour te le dire
Pour en finir et pour de bon

Je n't'aime plus

Je n't'aime plus

Je n't'aime plus.

Durant cette période de séparation, il m'arrivait parfois de me sentir terriblement seul. J'ouvrais une bouteille de vin, je m'assoyais devant la télé et je buvais. En solitaire, je cuvais ma déception. Je pleurais aussi sur ma vie, parce que je n'avais pas d'enfants. Je regrettais de ne pas en avoir eu plus jeune, mais désormais, il était trop tard. Un jour, je me suis secoué et j'ai lâché un *woh!* bien ressenti. Je ne voulais pas devenir alcoolique. J'ai redressé le tir...

J'avais peur de l'engagement, en amour. Des angoisses profondes me forçaient sans cesse à reculer. Pourtant, quelqu'un m'attendait au détour ; une femme avec une beauté d'âme incomparable et une capacité à me tendre la main pour grandir, dépasser mes limites. Il me fallait un être extrêmement fort à mes côtés ; une femme extraordinaire, compréhensive, avec une patience remarquable et un grand cœur. Après tous les déboires que j'ai connus, aujourd'hui, je le sais, Claire est un cadeau du ciel. Elle est devenue indispensable dans ma vie.

En 2002, lors d'un voyage en célibataire. Je crois que le divorce va me rendre heureux, je me leurre.

Bien sûr, ce n'est pas évident de reconstruire une vie à deux après une séparation. Quand notre couple semble repartir à la dérive, nous nous rappelons les moments exceptionnels que nous avons passés ensemble, notre première rencontre et tout ce qui s'est déroulé de spécial, pour ne pas dire « d'étrange », durant nos fréquentations.

Par exemple, je connaissais le restaurant *Montego* à Sillery, près de Québec, pour y être allé à maintes reprises.

Avec étonnement, j'ai appris que le propriétaire était le conjoint de la sœur de Claire. Que le monde est petit !

Autre anecdote, un jour (nous ne sortions pas encore ensemble de façon officielle), j'ai appelé Claire :

« J'ai un spectacle à Saint-Georges de Beauce. Aimerais-tu venir avec moi ? Nous irons manger au *Montego* et tu pourras en profiter pour aller voir ta sœur à Québec.

– Je suis dans les examens par-dessus la tête. Je vais voir à quelle vitesse j'avance dans mes études et je te rappellerai. »

Elle s'est empressée d'effectuer ses travaux et le vendredi, elle m'a téléphoné pour me dire qu'elle acceptait ma proposition.

Pendant les deux heures de trajet jusqu'à Québec, nous avons parlé sans arrêt. Là-bas, nous sommes allés au restaurant et ensuite, chez la sœur de Claire qui nous recevait pour la nuit.

Le lendemain matin, l'une de mes petites nièces est venue me demander si j'étais « le prince » de Claire. J'ai été impressionné que cette gamine de 5 ans puisse capter le lien qui nous unissait, que nous-mêmes n'avions pas encore établi.

Le lundi, de retour chez moi, je me retenais pour ne pas appeler Claire. On venait de se quitter. Finalement, c'est elle qui m'a téléphoné, pour me rencontrer. J'avais une semaine de fou en perspective, d'autant plus que le samedi suivant, je faisais la première partie du spectacle de Madonna, ce qui demandait, de surcroît, une promotion intensive.

« Oui, je veux bien, Claire, par contre tu vas peut-être me trouver *cheap*, je n'ai que jeudi midi de libre.

– Mario, je dois absolument te parler. Quelque chose me bouleverse. Alors, je prends ce qui passe. C'est correct pour moi. »

Une annulation le soir même m'a permis de rappeler Claire et de l'inviter au resto-café, sur le boulevard Saint-Laurent, le

Publix. Nous jasions de tout et de rien lorsque, à brûle-pourpoint, je lui ai demandé :

« Qu'est-ce qui te bouleverse, Claire ?

– Je ressens quelque chose de très fort pour toi. »

Au moment où elle prononçait ces mots, le lampion sur la table a explosé. Pow ! Il a éclaté en mille morceaux. Le propriétaire s'est aussitôt empressé vers nous, puis s'est exclamé : « Oh là là ! Il y a beaucoup d'électricité et de passion entre vous deux ! C'est la première fois que je vois ça ! »

Claire voulait m'apprendre qu'elle était bouleversée par le sentiment très fort qu'elle ressentait pour moi. Une vraie bombe… Pendant des mois, elle m'avait fui, mais là, une petite voix lui avait dit :

« Claire, si tu continues à fermer la porte au nez à Mario, tu vas le perdre. »

Elle ne comprenait pas. Perdre quoi ? Elle me fuyait tout le temps. Heureusement, la lumière a fait son chemin dans son cœur et a mis à nu son amour pour moi.

« Ne me demande pas pourquoi, mais je sais que notre relation ne sera pas facile. Mais avec Dieu, nous allons passer au travers, j'en suis convaincue. »

On se remémore souvent tous ces petits événements survenus dans notre vie, peut-être comme des confirmations que nous allions grandir et évoluer ensemble, malgré les épreuves.

Un soir, en regardant le Gala de l'ADISQ, j'ai constaté qu'un des gagnants n'avait pas souligné l'importance de son épouse lors des remerciements. J'ai crié :

« Hey, n'oublie pas ta femme ! Elle a une importance capitale dans ta vie, dans ton succès. Pourquoi ne l'as-tu pas nommée ? »

Et pourtant, dans l'excitation du moment, je n'ai pas fait mieux quand je suis monté sur scène pour aller chercher le Félix de la chanson de l'année pour *Je n't'aime plus*, car je n'ai pas pensé à remercier Claire.

Je m'en veux d'avoir oublié Claire dans mes remerciements, je me fais pardonner…

Donc, quelque temps après notre rupture, nous nous sommes retrouvés et avons repris notre vie d'amoureux. Notre union repose sur quelque chose de bien plus grand que nous. Claire me dit souvent :

« Dieu ne sépare pas ceux qu'Il a unis par le mariage. Ce qui est impossible à l'homme est possible pour Lui. Momentanément, je devais me détacher de toi pour mieux te retrouver. Nous devons prendre la décision de croire et d'aimer par-dessus tout. Car croire en Dieu, c'est croire en L'AMOUR. »

Claire me cite la Parole non pas pour m'écraser, mais pour me relever. Avec humilité, elle m'a demandé pardon pour avoir éprouvé du mépris envers moi quand notre relation tournait au vinaigre. Peu de gens sont capables d'une telle prouesse, de museler leur ego pour marcher dans les pas de l'amour et du pardon. Elle a compris ses comportements grâce à un rêve qui la mettait au défi dans son couple. Sa franchise et sa transparence m'ont aidé, moi aussi, à intégrer dans ma vie les étapes de l'aveu, du pardon et de la réconciliation.

Vivre l'harmonie est devenu notre but premier, toujours dans le respect du rythme de l'autre. Oh ! Nous avons encore des querelles, des oppositions, des incompréhensions… Mais chacune d'elles nous éveille, nous sensibilise et nous aide à grandir ensemble dans notre vie humaine et spirituelle. Par ces étapes de croissance, nous redécouvrons le vrai sens du mot amour. Notre vie intérieure devient une contemplation émerveillée de ce grand mystère, même dans les banalités du quotidien. J'ai découvert et adopté les valeurs du cœur, de la foi et des choses d'en haut liées à celles du bas… Pour le reste, tout n'est que vanité et poursuite du vent.

Claire et moi avons mis Dieu au centre de notre vie de couple. J'entends presque les ricanements… mais peu importe, c'est le chemin que nous avons choisi. La Bible représente le ciment de notre vie de couple. Pour d'autres, la quête personnelle se fait ailleurs, avec d'autres ressources. Chacun se doit de choisir sa propre voie. Dieu respecte notre liberté parce qu'Il nous a créés libres, par amour. Et cet amour, tel que je le connais, n'est pas une abstraction, mais une force agissante. Souvent, elle m'a incité à poser des gestes de compassion et de bienveillance, à être présent à l'autre, même si, dans le lot de mes activités, je trouve cela très demandant à certains moments. De nos jours, la société encourage presque l'adultère. Quand je lis des témoignages ou certains propos sur Facebook, je suis découragé par la manière de penser des gens, spécialement leur vision échevelée de l'amour.

Je le sais, la manière de vivre aujourd'hui ne favorise pas la présence de Dieu dans la vie des gens. Les relations sans bases solides éclatent et volent en morceaux à la moindre opposition, à la moindre résistance. Les personnes qui suivent la mode et les courants mondains se réveilleront peut-être, un jour, avec des problèmes et des souffrances intérieures très grandes. Je pense sincèrement que ces gens empruntent des chemins sans issue. Mais ça, c'est mon opinion d'homme croyant. Je pense sincèrement que le retour aux vraies valeurs et aux grandes lois immuables inscrites dans la Bible demeure essentiel.

JE NE PORTE PAS DE JUGEMENT SUR LES AUTRES CEPENDANT…

Pour bien des êtres humains, marcher avec de tels paramètres ressemble davantage à un emprisonnement. Il faut comprendre qu'ils ne sont pas là pour nous interdire quoi que ce soit. Dieu n'interdit pas. Il nous éclaire, nous guide pour nous aider à surmonter les épreuves de la vie courante. Ces règles sont là pour nous aider à nous épanouir. Dieu ne promet pas une traversée facile, mais une arrivée à bon port !

Je suis très conscient que toute relation humaine demeure précaire, autant avec Claire qu'avec le public, ma famille et mes amis. Il suffit d'un faux geste et d'une parole échappée, malheureuse ou méchante, pour la compromettre et, à la limite, la détruire. Mais si, avec humilité, nous osons utiliser les démarches de l'aveu, du pardon et de la réconciliation, rien ne saura nous arrêter.

Dernièrement, une chanson m'a ému aux larmes : *Toujours l'amour* de Steve Marin, parce que les paroles sont vraies et nourrissent l'âme et le cœur.

Tout commence par des âmes, des cœurs qui chavirent
Malgré les guerres et les drames qui ne peuvent en finir
Depuis le début des temps, on se raconte les vertiges, du plus beau des sentiments.

Bien avant que vienne le jour de mon premier respir, avant que ne souffle l'amour, mon tout premier soupir, il en a coulé des larmes, on a eu besoin de l'écrire, de le chanter si souvent.

Au fond de mes nuits, au bout du monde, l'amour m'accompagne, me suit. Même s'il fait mal, s'il m'affronte, je ne me lasserai pas de lui, toujours l'amour.

Au milieu de ceux qui eux ne savent que détruire, nous on le vivra pour le meilleur et pour le pire, malgré les vents et les rafales et tout ce qui reste à construire, on l'prendra le temps.

Au fond de mes nuits, au bout du monde, l'amour m'accompagne, me suit. Même s'il fait mal, s'il m'affronte, je ne me lasserai pas de lui, toujours l'amour.

On n'risque pas de mourir d'amour, mais du néant. On se doit de vieillir le cœur rempli, au nom de la vie.

Au fond de mes nuits, au bout du monde, l'amour m'accompagne, me suit. Même s'il fait mal, s'il m'affronte, je ne me lasserai pas de lui, toujours l'amour.

Toujours l'amour

Bien avant que vienne le jour de mon premier respir, avant que ne souffle l'amour, mon tout premier soupir…

Cette chanson d'amour, selon moi, est une des plus belles et des plus significatives. Elle me touche profondément. Chaque fois que je l'entends, les larmes me montent aux yeux. Dans la Bible, la première épître de l'apôtre Paul aux Corinthiens parle de l'amour : « Je pourrais parler toutes les langues du monde, mais si je n'ai pas l'amour, je ne suis rien. » J'ai toujours voulu écrire une chanson sur ce passage. En fait, j'en ai composé une, mais je ne la trouvais pas assez inspirante pour l'endisquer. Ça viendra un jour, je le pressens.

J'ai envie de dire que l'amour n'est pas une abstraction, mais une force agissante qui nous incite à poser des gestes de compassion et de bienveillance.

Vivre l'amour, voilà la vraie richesse sur cette terre. Car « tout passera, mais seul l'amour restera ».

Vivre ma véritable spiritualité

« Prends soin de ne point orner ta maison plus que ton âme ; donne surtout tes soins à l'édifice spirituel. »

Jean Huss

Le premier pas à effectuer pour vivre notre spiritualité consiste, je pense, à déterminer nos erreurs et à analyser nos égarements avec une intégrité intellectuelle et morale inflexible. Autrement dit, ne pas donner de place aux leurres, aux artifices. Nous ne pouvons envisager de grandir en nous mentant constamment, ainsi qu'aux autres. Il ne faut pas craindre de nous intérioriser pour interroger nos peurs, nos petitesses, nos lacunes, nos imperfections. Tôt ou tard se dessinera alors l'idée du pardon. Pardonner ne veut pas dire fermer les yeux sur les aberrations et les injustices qui sévissent dans le monde et autour de nous, mais bien rechercher et prendre les moyens pour retrouver la paix intérieure. Si nous aimons, si nous pardonnons, si nous ne condamnons pas, alors nous marchons sur les pas de Jésus. Nous nous éloignons de l'égoïsme narcissique qui domine notre époque et des limitations de nos pensées. Bien sûr, je parle de moi, de ma perception du monde et de ma foi qui peuvent différer chez chacun d'entre nous.

Comme l'a si bien dit William Shakespeare : « Pardonner est une action plus noble et plus rare que celle de se venger. » Personnellement, je pardonne en passant à autre chose. Je tourne la page. Néanmoins, je prends le temps de reconnaître mes lacunes, mes blessures, mes colères refoulées, mes ressentiments et aussi, de comprendre ceux des autres. Mon regard se transforme, change, évolue. Je reconnais alors que seul l'amour a le pouvoir de guérir des âmes. L'amour ne fluctue pas : il est toujours là, présent partout où nous sommes. Nous devons consentir à le voir et à le laisser agir dans notre vie, afin qu'il nous empêche de rester en hibernation émotionnelle, de nous abîmer dans nos colères et de nous effondrer sous le poids des épreuves.

Je ne le sais que trop bien, il faut vouloir changer et ensemencer différemment la terre de notre esprit pour grandir, pour cheminer, pour évoluer. En conséquence, nous pouvons témoigner que l'amour à lui seul peut engendrer des miracles. Il va sans dire que notre moi douloureux peut éprouver de la difficulté à croire que l'amour existe vraiment et qu'il a le pouvoir de nous aider à traverser les murs de nos craintes, de nos doutes et de nos troubles. Pourtant, dans ma vie, il a été la plupart du temps un allié. Malheureusement, il m'arrive encore, à l'occasion, de l'oublier, de ne vouloir compter que sur mes propres ressources.

Je me suis intéressé à la spiritualité grâce à un grand ami du Lac-Saint-Jean, Jean-Guy, né comme moi le 1er février, mais non de la même année. Nous avions fait de la musique ensemble, à l'époque où il jouait dans des pianos-bars avec sa femme. Je les ai connus, Marlène et lui, à l'âge de 16 ans. Je me suis toujours senti bien en leur compagnie. Un peu plus jeunes que mes parents, nous pouvions soutenir des conversations pendant des heures sur le sens de la vie. Leurs points de vue se révélaient nécessaires à ma compréhension de notre existence sur terre. J'adorais passer du temps avec eux, cela contrariait un peu mon père. À son avis, je parlais davantage avec eux qu'avec ma mère et lui ; ils exerçaient plus d'emprise sur moi ; et je donnais trop de crédit à leurs enseignements comparativement aux siens. Aujourd'hui, je comprends mieux ce que papa devait ressentir. Par contre, je ne pouvais refuser une telle amitié sous prétexte de rassurer mon père.

Jean-Guy, Marlène et moi sommes restés en contact même lorsque je suis venu vivre à Montréal, en 1981. Durant un séjour au Lac-Saint-Jean, je leur ai rendu visite. En pleine conversation, Jean-Guy s'est levé pour se rendre dans une autre pièce et il est revenu, hésitant, avec quelque chose dans les mains. Il s'agissait de la revue *La Pure Vérité*. Quelle surprise, pour lui, quand je lui ai mentionné que je lisais également ce périodique !

En fait, lorsque je restais sur la rue Lajeunesse, au coin de la rue Jarry, un appartement loué par Mme Miron, une dame fort sympathique, quelqu'un m'avait parlé d'une revue spirituelle que l'on pouvait trouver dans un présentoir, à la pharmacie Jean Coutu du coin. Je n'en connaissais pas la teneur. Je pensais qu'il s'agissait d'une revue comme *L'actualité* ou le *Perspectives*, que l'on recevait chez les cultivateurs. Quand j'ai commencé à la lire, j'ai vu qu'on y parlait de Dieu.

Lorsque Jean-Guy m'a mentionné qu'il invitait un ministre de l'Église universelle à Dolbeau, pour une soirée de ressourcement, je lui ai lancé :

« Je veux y aller, moi aussi.

– Tu ne peux pas, m'a répondu Jean-Guy.

– Pourquoi ?

– Il faut être rendu à un certain niveau dans l'Église universelle.

– Il n'y a pas de niveau pour Dieu, ai-je répondu un peu choqué. Je veux y assister. »

À mon retour à Montréal, je me suis jeté à corps perdu dans la lecture de ce périodique. Je n'avais pas honte de le lire ni la Bible d'ailleurs. Il s'agissait d'une démarche et d'actions tout à fait normales d'un être en quête d'un sens à sa vie.

Pour moi, la Bible est capitale pour mener une existence heureuse. « Que ce livre de la loi ne s'éloigne point de ta bouche ; médite-le jour et nuit, pour agir fidèlement selon tout ce qui y est écrit ; car c'est alors que tu auras du succès dans tes entreprises, c'est alors que tu réussiras. Ne t'ai-je pas donné cet ordre : Fortifie-toi et prends courage ? Ne t'effraie point et ne t'épouvante point, car l'Éternel, ton Dieu, est avec toi dans tout ce que tu entreprendras », dit-on dans le livre de Josué.

On va sûrement me critiquer parce que j'affirme mes convictions profondes et parce que j'annonce mes vraies valeurs. Quand on se sent privilégié dans sa vie, on a toujours envie de partager son bonheur, et je le dis sans aucun souci d'endoctrinement. Je n'écris pas ces mots pour épater la galerie, pour avancer de belles paroles ou faire de la propagande... Je les écris parce qu'ils correspondent à mon cheminement humain et spirituel.

Ne cherchant qu'à faire du bien autour de moi, par mes lectures de la Bible et de *La Pure Vérité*, je concevais difficilement que je puisse m'attirer de l'adversité. Lorsque mes agents, Pierre et Anthony, ont vu ces revues-là dans mon automobile, ils ont tout mis en œuvre pour m'empêcher de les lire, même de les recevoir à la maison. À peine en voyaient-ils une qu'ils la faisaient disparaître. Leur attitude me défiait, me donnait davantage le goût de les lire. Une multitude de petites brochures venaient avec les revues. Je ne me doutais pas, à ce moment-là, du danger d'un certain sectarisme. Étant plus âgés, mes agents avaient peut-être perçu ainsi mon adhésion à ce mouvement...

Avec le temps, la lecture de la Bible devint une priorité pour moi. Dans ce recueil de textes sacrés, divisé en deux parties :

l'Ancien et le Nouveau Testament, je trouvais les réponses que je cherchais depuis longtemps. Quand j'ai commencé à étudier la Bible, à l'Église universelle, je demeurais convaincu de la véracité de chacun des mots que je lisais. De plus, je me retrouvais dans un groupe où la pensée s'apparentait à la mienne. Ce que j'appréciais de cette pratique, c'est qu'elle ressemblait un peu à celle de l'Église catholique. Les gens ne différaient pas de nous ni n'avaient l'air bizarre. Tous me semblaient sincères. Malgré certaines restrictions et autres austérités, j'adhérais à cette communauté, même si elle fermait bien des portes devant moi.

Mes agents ne cherchèrent pas à comprendre mon cheminement spirituel. Au contraire, ils m'avisèrent de leur intention de signer un contrat avec une autre personne si je suivais cette voie. Leurs menaces ne m'effrayaient d'aucune façon. Je voulais tellement progresser dans ma foi. Je me butais à une incompréhension totale de leur part. Je voulais plaire à Dieu, mais je prenais en même temps conscience des embûches qui allaient inévitablement se dresser sur ma route.

Avec le temps, j'en venais à croire que concilier foi et carrière serait impossible: personne n'accepterait que je m'adonne à une telle pratique spirituelle. S'agissait-il d'un test? D'une mise à l'épreuve? Nul besoin de dire que ça me faisait mal, très mal de penser à renoncer à ce que j'aimais le plus au monde: chanter, pour suivre ma voie.

Un jour, incapable d'aller plus loin, j'ai abdiqué. J'ai choisi de baisser les bras. Quand cette décision a été prise et après avoir répété sempiternellement: « Que Ta volonté soit faite », dès lors, les portes se sont ouvertes devant moi. Mon patron m'a alors demandé:

« Quels sont les jours fériés où tu ne peux pas travailler? »

Du coup, une grande joie a inondé mon cœur. J'étais heureux de poursuivre ma quête spirituelle sans devoir abandonner ma passion.

Un jour, j'ai lu dans une des revues, l'importance d'observer le sabbat. Afin de respecter la loi mosaïque, celle transmise par Moïse au peuple juif, on devait consacrer une journée au culte divin. Elle commençait le vendredi au coucher du soleil et se terminait le samedi au coucher du soleil. Quand j'ai annoncé mon intention d'observer le sabbat aux gens de mon entourage, particulièrement dans l'industrie du spectacle, tous ont regimbé.

« Tu ne feras plus de *shows* le vendredi ?

– Non. »

Sans le savoir, je venais de m'engager dans une spirale infernale. Pendant une dizaine d'années, personne n'avait d'autre choix que d'accepter mon horaire contraignant. Cela compliquait bien des choses. Mon employeur a finalement réussi à comprendre ma situation et à l'accepter. Par contre, quand je lui arrivais avec d'autres obligations – plusieurs fêtes étant basées sur le calendrier juif –, il s'exclamait : « Ouf ! Pas encore ! »

Je devais aussi composer avec la dîme, le don de 10 % de mes revenus. La dîme, dans la Bible, est une notion préalable à l'impôt. Les prélèvements obligatoires sont survenus quand le peuple d'Israël a demandé à être gouverné par un roi. Il s'agissait d'un désir humain. Puisque Dieu, leur chef, était invisible à leurs yeux, le peuple a réclamé un souverain qui les gouvernerait, qui prendrait les décisions nécessaires pour bien gérer le pays et surtout, que chacun pourrait voir et rencontrer.

Dans l'Ancien Testament, le grand sacrificateur faisait fi de l'autorité ; en revanche, il réclamait des taxes. Les gens consentaient à ce principe. À cette époque-là, la dîme de 10 % venait du fruit de la terre et du bétail. Elle servait à nourrir d'autres personnes ou des familles moins nanties. Les collecteurs redistribuaient la richesse aux pauvres. Aujourd'hui, nous sommes à des lieues de cette action noble et généreuse. Nous sommes surtaxés et cette imposition donne lieu à bien des abus. « Là où il y a l'homme, il y a de l'hommerie», dit-on... Si, de nos jours, l'imposition sur le revenu avait conservé une dimension spirituelle, la démarche serait plus équitable et acceptable. Si chaque personne était responsable et honnête dans la gérance de ses dîmes, l'autorité en place pourrait mieux servir la collectivité et éviter de commettre certains actes frauduleux.

Évidemment, l'Église universelle percevait aussi une dîme. Nous étions tenus d'envoyer 10 % sur chacune de nos payes, au siège social en Californie. Malheureusement, des abus ont éventuellement commencé à se produire. Une année, nous devions donner une deuxième dîme; une autre année, une troisième... Je voyais des familles pauvres et sans grandes ressources financières remettre leur dîme à chaque paye. Ça me fendait le cœur. Je continue de croire en ce principe, mais c'est triste que la cupidité soit toujours présente partout...

Lorsque 10 ans plus tard cette Église a compris autrement la question du sabbat, j'ai été chamboulé, estomaqué, renversé. Longtemps j'avais mis un frein à ma carrière en vertu de ce principe et maintenant, comme si de rien n'était, on l'invalidait. J'ai ressenti une grande trahison en même temps qu'une sourde colère. Maintes fois, j'ai fait rire de moi, entre autres par les gens du *show-business*, mon entourage et certains journalistes, en raison de ma fidélité à ces exigences. Je continue de croire en ce principe, mais c'est triste

Certes, mes employeurs m'avaient accommodé tant bien que mal, pour respecter mes engagements envers cette Église. Maintenant, que pouvais-je dire pour leur expliquer cette abolition incompréhensible? Bien sûr, pour la plupart, on s'était montré respectueux envers moi, mais probablement, toujours avec l'arrière-pensée que j'avais un quelconque problème de santé mentale... Toutefois, si on me trouvait un peu «flyé», à leur avis, j'avais le courage de mes convictions.

L'Église universelle de Dieu, heureusement, n'avait pas de contrôle sur la sexualité de ses membres. Quelquefois, certains commentaires étaient émis sur des comportements estimés erratiques, sans plus. Les jugements portaient surtout sur les « non-membres », les « non-adhérents » à leur ligne de conduite. Puisque ma blonde de l'époque ne fréquentait pas cette église, je sortais avec une fille « du monde ». Cette organisation considérait de telles personnes comme des « non-élus », des êtres à part.

J'ai quitté cette communauté spirituelle peu de temps après mon mariage. Si j'avais fait partie d'autres églises, leurs membres auraient tout tenté pour me ramener dans leurs rangs. Ils m'auraient rappelé, encore et encore, pour me convaincre de revenir. Pas l'Église universelle et heureusement.

Aujourd'hui, j'aimerais bien fréquenter un autre lieu de prière. Peut-être trouverai-je un jour le bon endroit. Il m'est arrivé à quelques reprises de fréquenter des églises, mais en qualité de personnalité connue (et remarquée rapidement), on mentionnait ma présence à l'assemblée. Tout le monde se tournait vers moi, heureux de voir que je fréquentais « leur » église. Je n'aimais pas cette attitude et il en est encore ainsi aujourd'hui. Je me rends dans un temple sacré pour entrer en communion avec mon Dieu et non pour être élevé sur un piédestal. Je veux me sentir égal à tout le monde. Bien sûr, j'exerce un métier qui me place sous les feux des projecteurs. Je peux comprendre que l'on me perçoive différemment, mais dans tout cheminement spirituel, les rangs et les classes ne doivent pas exister.

Quand je participais aux assemblées de l'Église universelle, j'étais toujours attiré par les individus esseulés qui souffraient, les laissés-pour-compte, ceux qui n'ont pas été choyés par la vie. Plein de gens ne voyaient pas leurs souffrances et pendant ce temps, en avant, on faisait état de ma présence. Exacerbé, un soir, je suis allé voir le pasteur. Je lui ai lu un passage de la Bible stipulant que personne n'a une importance supérieure à celle des autres. Nous sommes tous égaux devant Dieu. Tous les croyants sont à l'église pour la même raison : rencontrer Dieu et L'inviter à vivre au plus profond de leur cœur. (Jacques 2: 2-4)

Dans cette Église, j'ai certainement trouvé des réponses à mon questionnement. Je ne veux pas tout remettre en question et tout rejeter. Ce serait injuste de ma part. Cependant, même s'il ne s'agissait pas d'une secte, certaines idées sectaires y circulaient : « Nous détenons la vérité », « Les gens du dehors sont perdus... »

Ce genre d'allégations m'offusquait. Beaucoup de gens, aujourd'hui, vivent différents cheminements spirituels. Ils ne sont pas tous perdus ou condamnés parce qu'ils ont choisi une autre dénomination – même si certains prétendent qu'elle est la seule et unique.

Aujourd'hui, je ne vais plus à l'Église universelle de Dieu, mais ma foi est inébranlable. Je crois en Dieu. Je ne suis nullement aigri ou amer, car tout ce que l'on vit nous forge. Toutes les expériences positives nous amènent à nous transformer et à nous améliorer. Je ne peux en vouloir à cette Église, ni la dénigrer, car elle m'a donné de belles assises.

Je continue de prier régulièrement pour ceux que j'aime : ma famille, mes amis, mes collaborateurs et mon public. Mes prières sont personnelles et émanent de mon cœur. Je prie Dieu avant chacun de mes spectacles. Je l'appelle *Papa God*. Ayant connu des difficultés avec l'autorité paternelle, l'appeler papa apaise peut-être quelques souffrances en moi, tout en faisant appel à la réconciliation.

J'ai connu une période durant laquelle j'éprouvais beaucoup de difficulté à prier. J'avais peur de Dieu. J'ai dû faire face à cette peur. Qu'est-ce que je craignais tant, puisque Dieu est Amour ? Je me frottais probablement à mes résistances, à mon orgueil, je ne sais trop. Désormais, je chante pour Sa gloire et parce qu'Il m'a donné le talent de chanter. Avant chaque spectacle, je murmure à Son cœur : « Pour Ta gloire et non la mienne. Je chante pour Toi. »

Plusieurs chrétiens et chrétiennes pour différentes raisons – entre autres, les scandales, la pédophilie de certains prêtres, l'infidélité de quelques-uns à leur célibat – se sont détournés de l'Église catholique. Je comprends qu'elle soit remise en question et que sa crédibilité en souffre. Mais ce n'est pas « elle » qu'il faut regarder, pointer du doigt. Ce sont des hommes et non Dieu qui ont commis les gestes répréhensibles. Son amour pour les êtres humains n'a pas changé. Il demeure immuable et solide malgré toutes les ignominies commises.

Comme un bon père, Dieu veut le meilleur pour ses enfants. Il les aime et leur donne tout ce dont ils ont besoin. Il les accompagne dans leur croissance et leur cheminement vers la plénitude de l'être. Quand je travaille dans mon vignoble, je structure la vigne. Disons que ce travail est davantage la spécialité et la force de Claire, mais néanmoins nous devons apporter une conduite structurée aux plants de vigne. Il en est ainsi pour l'être humain. S'il n'est pas aidé, tenu par la main, aimé, s'il n'est pas éduqué, il va croître de travers.

La parabole du semeur, dans l'Évangile de Matthieu, en dit plus que tout ce que je pourrais écrire à ce sujet…

« Un jour, un homme s'en alla dans son champ pour semer. Tandis qu'il lançait la semence, une partie des grains tomba le long du chemin : les oiseaux vinrent et les mangèrent. Une autre partie tomba sur un sol pierreux où il y avait peu de terre. Les grains poussèrent aussitôt parce que la couche de terre n'était pas profonde. Quand le soleil fut haut dans le ciel, il brûla les jeunes plantes : elles se desséchèrent parce que leurs racines étaient insuffisantes. Une autre partie des grains tomba parmi des plantes épineuses. Celles-ci grandirent et étouffèrent les bonnes pousses. Mais d'autres grains tombèrent dans la bonne terre et produisirent des épis : les uns portaient cent grains, d'autres soixante et d'autres trente. »

La vigne est un plant noble au potentiel extraordinaire. Un vigneron peut cultiver des vignes de très grande qualité, mais s'il les laisse pousser sans les émonder, de petits raisins pousseront n'importe comment et n'importe où. Au Québec, la vigne sauvage croît partout, sur les clôtures, le long des chemins, dans la campagne, même sur le tracé de mon terrain. Cette plante se développe où bon lui semble. Elle est sinueuse, s'accroche, étouffe les plantes, s'agrippe aux arbres et peut les faire mourir. Dans son comportement négatif, l'être humain est semblable à la vigne : il peut étouffer, détruire, tuer les autres, créer son propre malheur.

Une vigne sauvage n'a pas de structure. Néanmoins, si nous en prenons soin dès le début, si nous lui imprimons une bonne direction et que, d'année en année, nous la taillons bien, la nourrissons d'oligoéléments, l'amenons à son plein potentiel, la qualité du plant sera exceptionnelle. Elle deviendra la plus belle plante de la nature et nous le rendra au centuple.

Le temps et l'énergie que j'investis dans mon vignoble, je l'investis aussi dans ma propre évolution. Claire ne boit pas d'alcool et de vin. Nous avons un vignoble pour le côté noble de cette culture et pour les leçons de vie qu'il nous procure. Cela représente beaucoup d'investissements. Nous allons devoir travailler très dur pour y arriver, pour rendre ce projet à terme et avoir la chance d'y goûter au moins pendant une dizaine d'années.

Grâce à l'aide et à la participation de ma famille, je peux me permettre d'y croire. J'ai une chance inouïe qu'ils se soient embarqués dans ce projet. Il n'en demeure pas moins qu'au fond de moi, subsistait une petite peur de mourir avant d'en voir l'achèvement.

Un jour, alors que je plantais les vignes, j'ai entendu une petite voix me dire :

« Tu vas voir le fruit de ton travail, ne t'inquiète pas. »

J'ai levé la tête et j'ai crié :

« Claire, Claire, tu ne sais pas ce qui vient de m'arriver… Je SAIS maintenant que mon projet va se réaliser… et que je serai encore de ce monde pour le voir. »

Chaque jour, je travaille avec cette assurance. Quand ma vigne fleurit au printemps et qu'à la fin de l'été, ses arbrisseaux sont chargés de raisins, mon cœur se remplit de joie. Il existe une multitude de plantes dans la nature, mais une vigne, ce n'est pas pareil. La Bible en a parlé à plusieurs endroits : « Je suis le cep, la parabole du vigneron. » Ma plantation représente un havre de paix, un lieu où retrouver le simple bonheur d'exister. Elle me ramène à de grandes valeurs et à ma spiritualité. Je grandis, je reviens à la source, j'apprends à aimer, tout comme avec la Bible, devenue avec les années mon livre de chevet.

Bien sûr, d'autres bouquins m'ont fait du bien, mais aucun ne m'a autant apporté ni éclairé sur le sens de la vie, que le contenu de cet ouvrage sacré. La Bible a transformé ma vie ! Depuis, il y en a toujours une à la maison. Je perpétue peut-être une tradition familiale. Ma mère avait un missel romain couvert d'une reliure comportant une fermeture à glissière autour. Lorsqu'on l'ouvrait, on remarquait tout de suite le papier fin, si fin, et les mots écrits si petits. Ces moments étaient précieux pour moi. Alors, quand j'ai possédé ma propre Bible, je me suis senti réconforté. Pour moi, il s'agissait du livre de la vie. Quand je ne vais pas bien, je la prends et la serre contre moi. Ce geste peut sembler puéril, mais il me lie à l'Amour de Dieu pour son fils que je suis. Je m'endors dans ses bras consolateurs.

Ma première compréhension de la Bible, je l'ai eue chez mes anciens gérants, à Westmount. Je me suis retiré dans leur grande bibliothèque pour la lire tranquillement. Soudain, dans ce lieu paisible, je me suis mis à comprendre le sens des textes. Je comprenais. J'éprouvais la sensation d'une grande ouverture, comme si un canal s'était ouvert au-dessus de ma tête pour m'apporter la lumière nécessaire à ma compréhension – je parle au figuré, car je ne suis pas un illuminé.

Je me disais: *Ben voyons donc! Comment se fait-il que je ne comprenais pas ces mots-là, auparavant!* Pourtant, je lisais la Bible depuis longtemps. Mais avant ce jour précis, je ne lisais que des mots ressemblant à du mandarin. Et voilà que, tout à coup, chacun d'eux, chaque phrase avait une résonance dans ma vie. Tout avait un sens. Je me sentais transporté dans une sorte d'ivresse, de joie profonde. Le soir, en me couchant, je *tripais* et le jour, je voulais proclamer la Bonne Nouvelle à plein de gens. Je me souviens d'une cousine qui m'a dit en chuchotant: « Mario, Mario, si tu continues, tu vas capoter ! » Quand j'arrivais au Lac-Saint-Jean, je n'arrêtais plus de parler de mes découvertes bibliques. Ma mère et mes frères répétaient: « Il est fou ! » Je les regardais un moment avec un air hagard et poursuivais la lecture de ma Bible. Je rigolais en faisant comme si j'étais obsédé soudain et ça me faisait rire… et eux aussi.

Aujourd'hui, je me suis assagi, je suis plus pondéré. Mais quand Dieu est entré dans ma vie, Il a dessiné un tel chemin devant moi, une façon tangible d'avancer sur le sentier de la connaissance de soi et des autres, que ça m'a bouleversé. Ça me remplissait de grâce. J'ai toujours eu le sentiment que, s'il y avait une vérité sur cette terre, on la trouverait dans la Bible. Longtemps, j'ai été comme cet aveugle que l'on retrouve dans l'Évangile de Jean:

« En sortant du Temple, Jésus vit sur son passage un homme qui était aveugle de naissance. Jésus cracha sur le sol et, avec la salive, il fit de la boue qu'il appliqua sur les yeux de l'aveugle. Puis, il lui dit: *Va te laver à la piscine de Siloé.* L'aveugle y alla ; il se lava ; et quand il revint, il voyait. »

Jésus aurait pu guérir cet homme sur-le-champ, par Sa seule parole, mais Il l'a envoyé à la piscine de Siloé. Cette parabole démontre que nous devons aussi participer à notre guérison; effectuer notre bout de chemin. Quand nous demandons à Dieu de nous éclairer, de nous enlever une souffrance, nous devons démontrer notre volonté et notre désir d'avancer sur la route; sans quoi, les risques de revenir à la case de départ augmentent. Être partie prenante de notre guérison et participer aux changements dans notre vie, cela demeure essentiel.

Je ne lis pas beaucoup. J'éprouve une grande difficulté à me concentrer sur un livre. La Bible est le seul ouvrage que j'ai réussi à lire au complet, sans même me lasser. L'avantage de cet ouvrage, c'est que nous pouvons l'ouvrir à n'importe quelle page, lire un passage et découvrir une leçon de vie significative. Je suis peut-être un peu moins assidu qu'avant, dans ma lecture biblique, mais je n'oublie pas les passages qui m'ont marqué. Je sais où les trouver…

Bien sûr, ce n'est pas populaire, surtout de nos jours, de parler de Dieu. On élimine aujourd'hui ses représentations et ses symboles (tel le crucifix) au profit des accommodements raisonnables. On cherche à bannir tout ce que nous sommes : nos croyances, nos traditions, nos assises, notre legs. *Diviser pour mieux régner…*, est-ce cela ? Pourtant, une telle attitude ne donne pas de meilleurs résultats au bout du compte. Malgré les différences d'opinion et d'allégeance, il ne faut pas, je pense, tout rejeter en bloc. La chanson *La plus belle histoire*, sur l'album *Toujours de nous*, je ne voulais pas l'imposer à personne. Voilà pourquoi je dis à la fin « si tu ne veux pas y croire, tu en fais ce que tu veux ». Nous possédons le libre arbitre. Nous avons le choix de nos convictions. J'ai d'ailleurs pleuré à chaudes larmes en écrivant cette chanson.

Une femme m'a demandé un jour qui en était l'auteur. À son avis, il s'agissait d'une des plus belles chansons entendues dans sa vie. Je me sentais à la fois content et touché par son témoignage. Cette très longue histoire adressée à chaque cœur raconte l'histoire de Dieu, de Jésus-Christ…

Dans ses quartiers, il était
Et dans un livre, écrivait
Des pages de mots précieux
De ses paroles naissait
Un monde beau et parfait
À son image et à ses yeux

Des arbres et de l'eau donnaient
Des fruits, plus qu'on en voulait
Sous un ciel immense et bleu
Et quand il eut terminé
Question de se reposer
Se retira dans ses lieux

Des hommes aimèrent des femmes
Comme il était au programme
Elles prirent quelques grammes
Et la surprise au sérieux
De tout petits pleins de zèle
Qui calquaient de leur modèle
Débarquèrent en kyrielle
Tout droit de leur ventre preux

De ses quartiers jubilait
De voir autant de bienfaits
Le Sage qu'on appela Dieu
Leur apprit quelques secrets
Presque tout ce qu'il savait
Juste assez pour être heureux

Et ses ouailles s'en allaient
Le cœur rempli de projets
Au soleil et sous les cieux
À force de les regarder
Le Sage de ses quartiers
Mit toute confiance en eux

Des hommes aimèrent des femmes
Comme il était au programme
Et elles de corps et d'âme
S'efforcèrent d'aimer mieux
Elles se sont mises à genoux
Pour le Sage qui sait tout
Elles désiraient qu'on loue
En quelques mots silencieux

Mais soufflait un vent contraire
En quelques lieux sur la terre
D'un être vil et odieux
Ce produit de la colère
Mit dans le cœur et la chair
Des buts irrévérencieux
Pour que l'Homme sans repères
Dans le couloir où il erre
Maudisse autant qu'il peut
Le Sage de notre histoire
Versa des larmes à le voir
Depuis sur le monde, il pleut

Mais dans son plan sans reproche
La solution dans la poche
Le Sage avait vu son jeu

Il descendit de son trône
Offrit son Fils en aumône
Mit son amour au milieu
Pour que l'Homme sans limites
Le regarde et imite
Ses gestes valeureux
L'Homme trop pris dans ses tâches
Dans son humanité lâche
Le cloua à un pieu

Des hommes aux desseins infâmes
Se jouèrent des femmes
Et même au prix de leurs âmes
Qu'ils risquèrent de peu
Pour un peu plus de plaisir
Vers un mauvais point de mire
Ils se vautrèrent et le pire
Se moquèrent de Dieu
Et parce qu'il crut se défaire
Enfin de son adversaire
L'être perfide et vicieux
Fit en des temps tant de ravages
Et versa sur son passage
Autant de sang que de feu
Et l'enfant de l'Être sage
De son corps et son courage
À l'issue du contentieux
Par un pardon sans appel
D'Amour inconditionnel
Racheta les malheureux

Des hommes aimèrent des femmes
Comme il était au programme
Et protégèrent leurs âmes
Des vents impétueux
Et de partout sur la terre
S'élevait une prière
Devant ce monde à refaire
Comme un oracle de Dieu

Et toi qui lis ce poème
Si cette terre où je sème
Est libre de tout dilemme
Tu crois qu'il y a un peu
Un peu de vrai dans l'histoire
Écris-la dans ta mémoire
Mais si tu ne peux pas y croire
Tu en fais ce que tu veux.

Quand je dis: « Des hommes aimèrent des femmes, comme il était au programme, et elles de corps et d'âme, s'efforcèrent d'aimer mieux », je ne veux certainement pas heurter les femmes, bien au contraire. Je les respecte dans leur capacité d'écoute, de toujours aimer mieux, de nous offrir à nous, les hommes, leur douce sensibilité, leur amour ainsi que leur généreux don à la vie, pour la Vie.

J'ai longtemps hésité à chanter *La plus belle histoire* en spectacle en raison de son contenu témoignant de ma foi, et surtout, parce que nous ne sommes pas tous du même avis. Mais cet état de fait ne doit jamais m'empêcher de témoigner de ce que je porte en moi et de mes allégeances. Finalement, après avoir décidé de l'offrir au public, elle a suscité beaucoup de réactions positives.

Je sais qu'au moyen de la chanson, celle-là et bien d'autres, j'ai toujours recherché, consciemment ou non, le besoin d'être aimé. Qui pouvait m'aimer mieux que Dieu Lui-même? Je me souviens, à 18-19 ans, d'avoir chanté pour obtenir l'amour de mes parents, pour rechercher leur approbation. Quand un soir, après un spectacle, mon père m'a dit: « Tu es un bon chanteur, Mario », j'ai eu l'impression qu'un baume bienfaisant et cicatrisant venait de recouvrir mon cœur. Quel soulagement!

Par la suite, je me suis posé plusieurs fois les questions: *Est-ce pour cela que je veux chanter? Est-ce parce que je veux encore plaire à mes parents?*

Je constatais ma valeur dans les yeux des autres seulement lorsque je chantais. À 19 ans, je n'étais pas heureux, ma carrière n'allait pas dans la direction que je désirais, elle ne ressemblait pas à ce que je m'attendais du métier. Encore là, j'avais l'impression tout le temps de chanter pour avoir l'approbation de mon père, pour être aimé de lui. Je le savais, qu'il m'aimait. Je suis capable de faire la part des choses et de relativiser, mais j'avais besoin qu'il me le dise, qu'il me le manifeste.

Mes parents sont de cette génération où les sentiments ne sont pas exprimés. Eux-mêmes n'ont pas entendu les mots doux « je t'aime ». Ils ne peuvent enseigner ce qu'ils n'ont pas reçu. D'ailleurs, aujourd'hui, je suis toujours étonné des jeunes qui le disent à tour de bras à leurs parents, et vice versa. J'ai toujours une réaction: « Hein! Qu'est-ce qu'elle dit là? Elle dit: *Je t'aime* à son père, à sa mère. Wow! » Et eux leur répondent de la même manière...

Mon plus cher désir, avant leur grand départ, c'est d'arriver à leur mentionner: « Je vous aime ». Je leur ai dit à leur 50e anniversaire de mariage, mais bien sûr, quand il y a 400 personnes autour, ça fait chic et beau. J'aimerais pouvoir le leur avouer à eux seuls, en privé...

Au deuxième album, quand j'ai saisi que je chantais encore pour que mes parents m'aiment, j'ai compris que ce n'était pas pour les bonnes raisons. *Qu'est-ce que je fais là ?*

Les gens de mon patelin prétendaient que ma carrière était finie, puisque cet album n'avait pas connu le succès espéré. Je leur ai rétorqué vertement : « Vous n'avez rien vu encore. Ce n'est pas parce que je viens du Lac-Saint-Jean que ce n'est pas possible, que je ne peux pas me faire une place au soleil du showbiz québécois ! Je vais vous le prouver, moi, que c'est possible. »

Désormais, je ne cherchais plus l'approbation de mes parents. Je désirais plutôt prouver au monde que je pouvais réussir dans la chanson, même si je venais d'un petit bled éloigné des grands centres urbains. J'essayais tout le temps de le prouver, de faire mes preuves… À un moment donné, j'ai commencé à être un peu plus aux aguets. Combien de fois me suis-je posé ces questions : *Pourquoi est-ce que je chante, là ? Est-ce que je chante pour moi ou pour prouver aux autres que j'ai de la valeur, pour combler mon immense besoin d'être aimé ?*

Quand j'ai rencontré Claire, elle m'a fait comprendre que je devais chanter pour communiquer quelque chose. Elle trouvait que mes chansons ressemblaient à du verbiage. « *Que des mots…* » J'ai alors voulu parfaire mon niveau de langage, de communication, pour lui plaire. Je revenais sans cesse au même but : me faire aimer. Claire m'a beaucoup fait avancer, car elle n'était pas prise émotionnellement par mon désir de plaire, par mon métier, par mes fans, par mes grands besoins.

Après avoir entendu la chanson *Je n't'aime plus*, elle m'a signifié avec gentillesse : « Enfin tu chantes quelque chose qui sort de tes tripes. »

Cette chanson a vraiment changé ma manière d'être. Aujourd'hui, je me sens mieux sur scène, je chante pour les bonnes raisons et non plus pour combler cet immense besoin d'être aimé et reconnu. Je chante désormais des chansons qui touchent, qui permettent des prises de conscience et des réflexions ou simplement qui procurent un bien-être.

Quand j'ai compris que chanter n'avait pas pour but de séduire un auditoire, mais d'exprimer mes sentiments, mes passions et ma foi, mon écriture a commencé à changer de style. Elle s'est mise à refléter davantage la profondeur de mes émois, de mes certitudes et de ma spiritualité. Au-delà de mon désir d'offrir une belle plume, je souhaite désormais conscientiser et toucher mon public.

Il m'en a fallu du temps pour m'adapter, mais aujourd'hui, quand les gens viennent me voir après un spectacle pour me dire que les chansons qu'ils préfèrent sont celles que j'ai écrites, ça me rend heureux. Je n'affiche pas de gloriole, toutefois. Bien sûr, il s'agit d'une marque d'amour de leur part. Je l'accepte de bon cœur, mais je suis de moins en moins dépendant de ces louanges. Mon rapport avec eux devient de plus en plus authentique et de moins en moins une quête d'approbation ou une soif d'amour à rassasier.

Il n'en demeure pas moins que c'est un privilège de pouvoir effectuer ce métier. Je reçois des courriels, des lettres, des messages sur Facebook tellement beaux, qui me font un bien immense et me font grandir. Les gens me partagent leur vécu à l'occasion d'une chanson entendue à des funérailles, lors d'un mariage, à la radio, etc. Dernièrement, un couple est venu me voir et l'homme, extrêmement content de me rencontrer, s'est mis à pleurer.

Je suis un être humain. Je suis heureux quand on me dit que l'on apprécie ce que je fais, que l'on aime un thème, des paroles, une prestation, une interprétation. Je suis touché, car je donne toujours le meilleur de moi-même et j'y mets tout mon cœur. Surtout loin de moi l'idée d'être une idole aux yeux du public. Je n'aime même pas ce mot. Je ne veux pas être élevé sur un piédestal. Par contre, je comprends leurs émois. Moi aussi, j'ai eu la chance de rencontrer mes chanteurs préférés. Je vivais alors de grandes émotions, parfois assez indescriptibles. Inutile de dire que lorsque j'ai rencontré Michel Sardou, mon idole de jeunesse, j'étais rempli de joie, comme sur un nuage.

Parmi les gens du public, je peux vérifier ce phénomène. Les gens ne me connaissent pas personnellement, mais à la fin d'un spectacle, dans leur manière de m'aborder, de me témoigner leur amour, je saisis qu'ils m'estiment, et que je leur apporte, même l'espace d'un instant, un peu de bonheur. Je leur en suis reconnaissant.

Au Québec, les gens ne sombrent pas beaucoup dans le fanatisme et l'idolâtrie. Ils éprouvent un respect affectueux pour mon travail. Ils le reconnaissent et en soupèsent la valeur. Ça me réjouit parce que je ressens vraiment leur sincérité. Certains en arrivent même à me regarder d'égal à égal, évitant de me positionner dans des hauteurs démesurées, loin de mon statut de simple humain. Ça me touche davantage qu'une personne me plaçant sur un piédestal. Car, malgré tout l'intérêt que l'on me porte, je suis conscient de n'être qu'une petite goutte d'eau dans un océan humain et que mon métier est tellement minime à côté de tous ceux si humainement importants. Un cardiologue qui soigne un cœur et le guérit mérite une bien plus grande reconnaissance qu'un chanteur qui compose une chanson à texte ou qui pousse une belle grosse note à la fin de son interprétation. Certes, le métier de chanteur est très valorisant, mais les grands professionnels de ce monde sont des milliers de fois plus importants et essentiels.

La profession du cœur est la plus belle. Un jour, une femme m'a écrit pour me dire qu'elle venait de quitter son mari pour aller vivre avec un autre homme. Elle m'a demandé si sa décision avait été la bonne. Pour moi, il n'y a rien de pire que d'écouter son cœur émotif, car il s'emballe facilement et rapidement. Je lui aurais répondu :

« Oui, écoute ton cœur, mais celui paisible et sage, non celui fébrile, agité. Sois honnête envers toi-même. Si tu désires vivre une nouvelle aventure, si tu es intègre, ton cœur te dictera la bonne décision à prendre. Si tu as le goût de quitter ton mari pour une aventure, que tu penses à l'autre en fantasmant de te retrouver dans ses bras et que tu t'es convaincue qu'il n'y a plus d'amour avec ton conjoint, alors mieux vaut ne pas suivre ce que ton cœur émotif dicte à ton esprit. Parfois, ce cœur est l'ennemi de l'âme ; je dis bien le cœur émotif, celui qui peut souvent nous induire en erreur en nous faisant miroiter de prétendues belles réalités. »

Pour ma part, quand ça va mal, dans mon couple ou dans ma vie professionnelle, j'ai recours à la Parole de Dieu. Cette Parole, pour moi, est Vérité. Il y a des gens qui diront que ma vérité n'est pas la leur et que peut-être je vis moi-même dans l'illusion. Pourtant, j'ai observé les grands courants de pensée et les grandes religions du monde, les pseudo-prophètes, les pseudo-leaders. Ils possèdent généralement des dénominateurs communs, des enseignements qui se recoupent. Ils s'imitent les uns les autres. McDonald's et Burger King font exactement la même chose. Ils s'imitent dans les produits qu'ils offrent au public, dans leur présentation, dans leurs techniques de mise en marché, etc. Ils s'observent, mais ils font tous des hamburgers. Il en est de même pour les religions : elles se regardent, elles s'emboîtent le pas et chacune va chercher sa part de marché. Outre les églises chrétiennes qui ont poussé un peu partout, qui croient au même Dieu et qui ont la même source, la Bible, il existe aussi toutes les autres grandes religions : bouddhisme, islamisme, taoïsme, hindouisme, etc. Chacune d'elles s'entoure de fidèles, propose des lois et des préceptes. Nous adhérons tous à une croyance ; même l'athéisme en est une. Pourtant, un seul a donné sa vie pour nous. Un seul est mort sur la croix dans des souffrances inimaginables. Un seul a souffert pour l'humanité: Jésus-Christ. Il demeure la plus grande marque d'amour venue sur terre. Voilà pourquoi je crois en Lui.

Certaines personnes souscrivent à toutes sortes de pensées populaires qu'ils érigent en grandes vérités et principes de vie. Personnellement, je préfère croire à Jésus-Christ plutôt que de croire à un individu quelconque qui ne représente rien pour moi et qui avance des théories parfois douteuses et incohérentes. Avec Lui, j'apprends à grandir. J'apprends que le vrai succès dans notre vie n'est pas la gloire ni la renommée, mais bien d'exorciser ses démons, de devenir maître de soi-même, de tenir sa langue en bride, d'être patient, lent à la colère, vertueux, charitable...

Cela ne veut pas dire que la réussite professionnelle n'a pas sa valeur. Au contraire. Être fier de ce qu'on fait et heureux de nous adonner à ce qui nous passionne n'a rien à voir avec l'argent, mais avec l'estime personnelle. Je pense à mes frères qui sont excellents dans la construction. Pour moi, il s'agit d'une réussite, car ils s'accomplissent dans leur domaine et ils sont rayonnants de bonheur.

Si une personne se lève chaque matin juste pour aller gagner sa vie, qu'elle déteste son boulot et que l'idée même de s'y rendre la rend misérable, je crois qu'elle devrait tout faire pour changer sa situation. Sans tout chambouler d'un coup, je pense qu'elle peut penser à trouver un autre emploi ou à renouer avec ses passions, tout en cherchant de quelle façon elles pourraient devenir lucratives. Il va sans dire que la plupart des personnes sont fières et contentes dans leur travail; un travail qui, peut-être, ne me plairait pas. L'important demeure la passion qui nous habite et non celle des autres. Ces gens évoluent par leur choix de carrière et s'épanouissent au sein de leur emploi. Là aussi, on parle de réussite. Si, en plus, ils croient en Dieu, alors ils s'ouvrent à une vie profonde, *vivifiante comme un torrent...*

Je le sais très bien, à notre époque, parler de Dieu ainsi, ce n'est pas à la mode. Je m'en fous de ne pas l'être. Loin d'être un illuminé, je suis simplement la voie qui m'est tracée et je me donne de plus en plus la permission d'en parler, de m'exprimer à ce sujet. Ce livre en est une magnifique occasion. Ne dit-on pas: *La bouche exprime ce dont le cœur est plein*? Moi, je parle de ce qui m'habite profondément, de ce qui m'habite tout court. Qu'il y ait ou non résonance à l'extérieur ou autour de moi n'est pas de mon ressort. Ce qui m'importe, c'est de me libérer le plus possible des ombres qui voilent ma vision, de changer mes obscurités en clair matin et d'approfondir Dieu.

Lorsque vivre en équilibre à tous les plans devient notre but premier, nous nous retrouvons nécessairement sur le sentier de la croissance spirituelle. Nous redécouvrons le sens du mot amour et notre vie intérieure devient une contemplation émerveillée de ce grand mystère. Pour moi, il en est ainsi. Pour d'autres personnes, la quête spirituelle ou de bien-être intérieur se fait ailleurs, avec d'autres ressources, d'autres livres, d'autres religions, d'autres philosophies de vie. Certains sont sans foi ni loi. Je ne peux m'opposer à leur choix, encore moins juger leur cheminement, surtout pas. Chacun détermine son parcours de vie. Je ne regrette pas la tangente que j'ai prise, parce que, pour moi, il n'en existe pas d'autres.

Ma mission sur terre, je ne la connais pas. Je pense que nous sommes appelés à faire quelque chose de grand. Dieu a des desseins pour chacun de nous. Néanmoins, il nous laisse le libre arbitre en toute chose, comme un parent qui nous laisserait choisir la vie que l'on a envie de mener, malgré la différence de point de vue. Dieu n'intervient pas dans notre vie si nous n'avons pas envie de chercher, de trouver des réponses. Par contre, si on le cherche de tout son cœur pour mieux le connaître, il sera là pour nous répondre. «Demandez et vous recevrez; cherchez et vous trouverez; frappez et l'on vous ouvrira. Car quiconque demande reçoit; qui cherche trouve; et à qui frappe, on ouvrira.» Si on est réfractaire, indifférent ou même contre Lui, Il ne s'imposera pas à nous. Il ira là où la porte est ouverte. Personne ne doit se sentir obligé d'endosser une religion, une philosophie ou quoi que ce soit d'autre contre son gré.

Non, je ne connais pas ma mission, mais je crois profondément en Dieu et en sa présence dans notre vie. Personne ne pourra m'enlever cette conviction-là. Quand Dieu nous donne la foi, il nous démontre son existence. Et moi je l'ai vécu, de façon tangible, plusieurs fois dans ma vie.

Aujourd'hui, je suis fier de moi, de mes réalisations, de ne pas avoir lâché dans la tourmente et l'adversité. Je suis content que le public me soit resté fidèle, malgré tout. Des gens me suivent depuis mes débuts et connaissent les problèmes que j'ai vécus avec mes agents, avec la justice, etc. Ma faillite m'a fait recommencer à zéro, au pied de l'échelle. De telles épreuves arrivent aussi à des personnalités, qui ont été capables de s'en sortir. Se lancer de nouveau dans d'autres projets peut aider les gens dans leur propre situation. Oui, on s'en sort... Parfois, on panique un peu, mais c'est temporaire si on choisit de se relever les manches et de poursuivre la route, cette *belle histoire* que Dieu a dessinée devant nous. Mais ce n'est pas toujours facile. Certains ont des épreuves qui demandent un grand travail intérieur.

Je pense à ce jeune homme qui faisait de l'autostop à Québec, à la sortie de l'autoroute. Il était Noir. Je l'ai fait monter. Il se rendait à Montréal.

Durant le trajet, nous avons parlé.

« Tu es Mario Pelchat ?

– Oui.

– Sais-tu quel est mon nom ?

– Pas du tout. »

Je ne me rappelle plus son prénom, mais il m'a annoncé qu'il s'appelait Pelchat.

« Ben voyons donc, comment ça ?

– J'ai été adopté et mon père est un Pelchat. »

Il m'a raconté être un toxicomane qui éprouvait de graves problèmes de consommation et qu'il rechutait occasionnellement. Son témoignage m'a touché.

À notre arrivée à Montréal, je l'ai invité au restaurant.

Après le souper, je lui ai demandé où il irait dormir.

« Je ne le sais pas. Je n'ai pas de place.

– Tu ne vas tout de même pas dormir dehors ? »

En chemin, je me suis arrêté à une épicerie pour acheter de la bouffe, car je savais mon réfrigérateur vide. Je lui ai offert de prendre ce qu'il voulait. Il a saisi un gros sac de brioches et un paquet de cigarettes qu'il a présentés à la caissière.

« Tu ne peux pas coucher dans la rue. Je t'offre une chambre pour un soir dans un petit hôtel, près de chez moi, dans le Vieux-Montréal.

– Merci », a-t-il répondu, ému et reconnaissant.

Quand je suis arrivé chez moi, un peu plus tard, j'ai mis les aliments dans le frigo et j'ai décidé d'aller me louer des films au club vidéo. En passant devant l'hôtel, j'ai aperçu le jeune à la réception. À peine le temps de garer ma voiture et d'entrer dans le hall de réception, qu'il était déjà remonté à sa chambre ! J'ai demandé à la préposée pourquoi il s'était présenté à elle.

« Il voulait que je lui rembourse le prix de la chambre, me répondit-elle.

– Voyons donc, j'ai payé avec ma carte de crédit; s'il y a un ennui, vous allez remettre le tout sur ma carte de crédit. Pas question de lui donner mon argent. »

Je suis monté à sa chambre et j'ai frappé à sa porte.

« Allô, Mario ! fit-il surpris, en me voyant dans l'encadrement.

– Qu'est-ce que tu fais? Pourquoi as-tu demandé à être remboursé ?

– Euh ! Bien... j'ai fait un appel... Il y a un gars à qui je dois de l'argent pour de la drogue et je dois m'acquitter de ma dette.

– Tu me mens.

– Non, je te le dis. Je me suis seulement rappelé que je lui devais de l'argent...

– Je ne te crois pas. Ce que tu veux, c'est te faire rembourser le prix de la chambre pour aller t'acheter de la drogue.

– Non, ce n'est pas vrai. »

J'ai tourné les talons et je suis parti. Il m'a suivi. Dehors, il m'a arrêté, cherchant à me convaincre de la véracité de ses dires.

« Je sais que tu me mens. Je le sais que tu veux t'acheter de la drogue avec mon pognon. Sache que si la chambre doit être remboursée, c'est sur ma carte de crédit qu'on le fera et tu devras te débrouiller seul. »

Voyant qu'il continuait de me mentir, je lui ai alors dit :

« Écoute-moi bien : je t'ai fait monter dans ma voiture à Québec, j'ai écouté ton histoire, ça m'a touché, je t'ai amené manger au restaurant, je suis allé à l'épicerie, je t'ai acheté ce que tu désirais, je t'ai payé une chambre d'hôtel. J'ai fait ça pour toi, parce que tu as du prix à mes yeux. Je ne me suis pas foutu de ta gueule ; mais toi, en ce moment, tu es en train de te foutre de la mienne. »

En 1989, sur la scène flottante de la Ronde.

Soir de première au Théâtre Saint-Denis, en 1995.

Les Dix commandements avec Boom Desjardins et Martine St-Clair.

Sur le plateau de *L'enfer c'est nous autres* avec Julie Snyder.

À CJMS avec Louise Deschâtelets et Véronique Béliveau, on aperçoit mes agents Pierre et Anthony derrière.

Moment intense du spectacle, je ne sais pas ce que je chante, mais ça semble sérieux.

Séance de photos pour la promotion de mes concerts acoustiques en 1998.

Je signe avec Trema France, en présence de Suzanne et Rocky Colello, Vito Luprano, Ian (avocat chez Sony Toronto), et Albert Lévi que j'ai rencontré sur l'avion vers la Martinique. Ce dernier a fait le pont avec Vic Talar chez Trema et a rendu possible cette association. Malheureusement, un individu aura eu la brillante idée de tout faire foirer !

Un peu de repos pendant les répétitions pour *Les Dix Commandements.*

Lors du lancement de l'album de Patricia Kaas, en 1993.

En 2006, en tournée pour Les villes où je vais, une autre belle période de ma vie. Et quelle belle tournée, une équipe extraordinaire, un public fidèle encore une fois au rendez-vous ! Que demander de mieux ?

Notre-Dame de Paris, l'une des plus belles et des plus extraordinaires des aventures que j'ai connues, ce spectacle était tout simplement sublime.

Séance de photos en 2000 au parc Lafontaine, j'étais dans une belle période de ma vie.

Sur le plateau de *La Fureur* en 2000, si mon souvenir est bon.

Avec Guy Cloutier, en 1993, au Gala de l'ADISQ, au Théâtre Capitole.

Les sœurs Denise, Diane et Lise Robin. Denise tient chez elle les documents les plus précis et les archives les plus exhaustives à mon sujet. Je suis toujours ébahi d'y trouver absolument TOUT ce que j'ai fait en carrière, c'est d'ailleurs ma référence la plus complète. Diane et Denise ont vu presque tous les shows que j'ai faits en carrière…

Voici un mince aperçu de ce que sera notre vignoble. Il reste encore beaucoup à faire, mais c'est inspirant de voir ainsi se dessiner lentement notre rêve!

Il s'est mis à pleurer. Devant sa détresse, je lui ai laissé mon numéro de téléphone en le priant de me téléphoner le lendemain matin. Ce qu'il a fait après avoir finalement couché à l'hôtel.

Puis il est venu chez moi. À peine entré, il m'a montré une lettre qu'il avait écrite durant la nuit. Il y racontait sa vie, demandait à entrer dans un centre de désintoxication et espérait suivre une thérapie. Une lettre sans fautes d'orthographe, dans un français impeccable. Syntaxe incluse.

« Tu écris très bien, tu m'épates ! »

Des années plus tard, il m'a rappelé. Il avait déménagé à Québec et n'avait pas consommé depuis des mois. Depuis, je n'ai pas eu d'autres nouvelles de lui. J'ose espérer qu'il va bien. Il ne s'agissait pas d'un voyou, mais d'un jeune ayant un grave problème de consommation. J'ai agi avec compassion, sans calculatrice, la main sur le cœur. Parfois, pour changer un destin, il faut une main secourable.

Dans un passage de la Bible, Jésus dit :

« Quand j'avais faim, tu m'as donné à manger. Quand j'avais soif, tu m'as donné à boire. Ce que vous ferez au plus petit des miens, c'est à moi que vous le ferez. Maintenant, entrez dans la maison de mon Père. Quand j'étais sans logis, tu as ouvert tes portes. Quand j'étais nu, tu m'as donné ton manteau. Quand j'étais las, tu m'as offert le repos. Quand j'étais inquiet, tu as calmé mes tourments. »

J'ai agi en bon Samaritain. Je suis convaincu que chacun de nous peut se rappeler une occasion où il a aidé autrui. En agissant ainsi, nous contribuons à une humanité meilleure.

Un jour, une femme m'a écrit une lettre au nom d'une proche souffrant d'un cancer. « Ma cousine aurait tellement aimé te rencontrer, te voir, te connaître... Elle a un cancer du sein et en ignore l'issue. »

Cette lettre-là, on me l'avait remise après un spectacle et je ne l'avais pas ouverte tout de suite. Elle a traîné plusieurs mois sur mon bureau avant que je la décachette pour en lire le contenu.

J'ai parcouru la missive. Très ému, j'ai appelé immédiatement son auteure.

« Est-ce qu'il est trop tard ? Est-ce que Diane est encore là ?

– Oui, mais elle ne va pas bien. Elle connaît une récidive de cancer.

– Est-ce que je peux aller la voir ? »

Nous sommes partis, Claire et moi, pour Trois-Rivières. Un orage frappait. Il pleuvait à torrents ce soir-là. Sa cousine lui avait mentionné qu'elle aurait une surprise : quelqu'un viendrait la voir, mais elle ne connaissait pas son identité.

Quand nous sommes arrivés chez elle, les premières constatations étaient la souffrance de cette dame et son crâne dénudé de cheveux. En nous voyant, elle a fondu en larmes. Elle a longuement pleuré. Cette femme devait avoir entre 45 et 50 ans et avait de grands enfants. Une femme extraordinaire.

Elle nous a raconté sa vie et sa maladie. Claire et moi avons prié pour elle. Nous l'avons serrée dans nos bras, ce qui l'a profondément touchée, puis nous sommes partis. Mais nous avons gardé contact avec elle.

Lors d'une série de spectacles à Trois-Rivières, elle est venue assister à l'un d'eux. Une journée, elle se sentait bien ; le lendemain, elle retombait dans la noirceur de sa maladie… Un jour sa cousine m'a téléphoné pour m'apprendre qu'elle était mourante. Comme je ne pouvais me rendre à son chevet en raison d'un engagement incontournable, Claire a pris l'autobus pour aller la voir à Trois-Rivières. Elle a passé du temps à ses côtés, juste avant qu'elle ne décède quelques jours plus tard, l'esprit en paix.

Des gestes comme ceux-là sont gratuits. Ils émanent du cœur. C'est de l'amour en actes. À quoi servirait-il de passer nos journées à prier si l'on ne concrétise pas l'amour que l'on porte en soi dans une action altruiste?

Parfois, il m'arrive de chuter. Je reviens sur mes erreurs, je me relève et je poursuis ma route. Ce n'est pas toujours facile, car cela demande une bonne dose d'humilité. Je me souviens d'avoir eu faim un jour, mais je n'avais pas d'argent et mon réfrigérateur était vide. Alors, je me suis rendu à un dépanneur et, subrepticement, j'ai volé une boîte de Paris-Pâté et du JELL-O. Comme j'avais un paquet de biscuits soda à la maison, je me suis concocté un petit «lunch». Puis, j'ai préparé le dessert au citron, pour compléter mon repas au cours de la soirée.

Une autre fois, dans un moment de détresse, je me suis retrouvé assis sur le premier banc d'une église. Je regardais brûler des lampions, le cœur et l'esprit en quête de réponses à mes problèmes personnels et financiers. Soudain, j'ai remarqué, dans la boîte métallique pour les dons, disposée juste en dessous de la rangée de bougies, un billet de deux dollars dépassant de la fente. Aussitôt, j'ai pensé au Kraft Dinner que je pourrais me procurer avec cet argent. Je disposais déjà de beurre et de lait dans mon réfrigérateur. Je salivais à cette simple pensée, mais ma conscience m'empêchait de m'emparer de cet argent, surtout dans une église. Je me suis alors demandé ce qui pourrait m'arriver si je le prenais… Je me suis approché, j'ai pris le deux dollars le cœur rempli de remords gros comme la terre. Je suis parti presque en courant, comme un voleur! J'éprouvais le sentiment profond que Dieu allait me punir.

J'ai finalement acheté ce Kraft Dinner, que j'ai mangé à moitié heureux, à moitié malheureux. Je m'en voulais pour ce geste, mais j'avais aussi terriblement faim. Pour faire taire ma conscience, je me suis dit que Dieu comprendrait ce geste, étant donné ma situation particulière.

Quand j'ai connu Claire, en 1993, nous nous sommes retrouvés dans un restaurant non loin de cette église. Durant le repas, je lui ai avoué :

« En 1984, j'ai volé deux dollars dans cette église. »

Je lui ai ensuite raconté mon aventure. Surprise, elle s'est exclamée :

« Je travaillais près de là, à l'époque, au coin de Jarry et Saint-Laurent. Un midi, je suis allée y déposer un billet de deux dollars, pour faire brûler un lampion. Peut-être était-ce celui-là que tu as pris ! »

Il y a deux ans, les membres de l'émission de télévision *La petite séduction* m'ont emmené en Saskatchewan, à l'église de Gravelbourg où j'ai chanté avec une chorale : moment très touchant dans ma vie. L'année suivante, lors des meilleurs moments de *La petite séduction*, l'équipe ne pouvait pas retourner en Saskatchewan pour refaire la scène. Ils m'ont demandé dans quelle église j'accepterais de réitérer l'expérience. J'ai répondu immédiatement :

« À l'église Saint-Vincent-Ferrier, sur la rue Jarry. »

Nous nous sommes donné rendez-vous là-bas. Avant de m'y rendre, j'ai retiré 200 $ dans un guichet automatique et je l'ai déposé en pleurant, dans la petite boîte de dons près des lampions. Je pleure chaque fois que je raconte cette expérience. Vingt-cinq ans plus tôt, j'avais volé deux dollars à cette église. Aujourd'hui, je remettais cent fois cette somme prise un peu malgré moi. J'y ajoutais les intérêts.

Un autre événement m'a beaucoup ébranlé, me montrant que nos valeurs spirituelles peuvent se vivre à tout instant, si on a un cœur accueillant et ouvert.

Lors de ma première tournée en 1989-1990, sans savoir pourquoi, des inconditionnels me donnaient des toutous. Je ne me souvenais pas d'avoir mentionné dans les médias ou ailleurs que j'aimais les oursons en peluche. Au bout d'un certain temps, je me suis retrouvé avec des sacs de poubelle remplis de toutous. Je n'avais pas, alors, de neveux ou de nièces à qui les offrir. Un bon matin, j'ai rempli ma voiture de ces sacs et je suis allé les porter à l'hôpital Sainte-Justine.

Je me suis rendu à l'étage des enfants gravement malades. Une infirmière m'y attendait. Avec elle, j'ai distribué des bouffées de bonheur à chacun d'eux. Malgré la situation pénible dans laquelle chacun se trouvait, à ce moment-là, quand il voyait apparaître la peluche, une lueur brillait un instant dans leurs yeux. Comment exprimer en mots l'émotion qui m'étreignait le cœur ?

Des années plus tard, alors que je signais des autographes à la fin d'un spectacle sur la Rive-Sud, une dame s'approcha de moi tremblante, un petit toutou dans la main. Elle m'invita à signer mon nom sur le ruban qui ornait son cou. Pendant que je signais, elle mentionna qu'il appartenait à son fils et que je le lui avais remis à l'hôpital Sainte-Justine.

J'ai relevé la tête pendant qu'elle m'annonçait son décès. Quelque chose bougea en moi. J'ai éclaté en sanglots, malgré tous ces gens dans la file d'attente. J'ai pleuré pendant un long moment. Son fils avait baptisé son toutou « Mario ». Cette histoire m'a profondément ébranlé et poursuivi pendant des semaines.

Rencontrer des gens qui ont vécu des situations beaucoup plus cruelles que les nôtres nous aide à échapper à nos petites misères. On apprend à voir l'amour logé au creux de tout un chacun et à croire en la vie, malgré les épreuves. Cette rencontre avec la mère de cet enfant me ramenait sans doute au moment du décès de ma sœur Johanne et à la réaction de mes parents… Ça me touchait profondément.

Personnellement, je n'ai pas peur de la mort. Je crains par contre de souffrir ou que l'on m'annonce un jour que je souffre d'un cancer sans guérison possible. Ma sœur en est morte, mon père a survécu à un cancer du côlon, d'autres membres de ma famille y ont laissé leur peau… Cette maladie me donne la frousse. Si on m'annonçait qu'il me reste un mois à vivre, je serais découragé. J'ai tellement de projets. Dans ma famille, les gens meurent soit très jeunes ou très vieux, comme ma tante à 102 ans et mon grand-père à 94 ans. Mes grands-parents sont morts très âgés, mais ma sœur à l'âge de 16 ans, ma cousine, à 29 ans, et deux autres à 49 et 52 ans. Je n'aime pas particulièrement ça…, c'est qu'ils sont tous morts du cancer.

J'aimais beaucoup ma grand-mère, elle possédait un cœur extraordinaire. À la fin de sa vie, elle vivait beaucoup de tristesse. Je pense qu'elle ne s'est jamais remise de la mort de mon grand-père Josaphat, 15 ans plus tôt, dont elle est toujours restée amoureuse. Il était si bon et si affable, pas violent pour deux sous ; un homme bonasse et tellement généreux ; un homme qui ne se compliquait pas la vie. Elle a beaucoup souffert et pleuré. Elle s'ennuyait terriblement de lui. Quand j'allais la voir, elle me disait toujours : « Je m'ennuie de mon bonhomme. »

Inconsolable, ses dernières années furent longues et pénibles pour elle. Quand ma grand-mère est décédée, je me trouvais au Lac-Saint-Jean. Elle vivait dans une maison offrant des soins palliatifs. En passant devant la maison cette nuit-là, j'ai aperçu la voiture de ma mère garée devant l'entrée. J'ai décidé d'aller les retrouver.

En entrant dans la chambre, j'ai vu la très mauvaise condition physique de grand-maman. Elle éprouvait beaucoup de difficulté avec sa respiration, de plus en plus rare et espacée. J'ai alors suggéré à ma mère d'appeler les autres membres de la famille. Elle a refusé, ne voulant pas les déranger en pleine nuit. Convaincu qu'elle était consciente, j'ai pris sa main en lui disant :

« Grand-maman, si vous m'entendez, serrez-moi la main. »

À ma grande surprise, elle l'a refermée sur la mienne.

« Grand-maman, si vous voulez dire oui, serrez-moi encore la main. Voulez-vous qu'on fasse venir vos enfants ? »

Elle m'a de nouveau serré la main.

À l'aube, ma mère a appelé les membres de la famille. À leur arrivée, j'ai repris la main de ma grand-mère et je me suis mis à chanter. Il y a longtemps, elle prenait un grand plaisir à venir m'entendre à l'église Saint-Jean-de-la-Croix. Elle s'assoyait sur le dernier banc chaque fois qu'elle voulait m'entendre.

Je lui ai donc chanté plusieurs chansons qu'elle aimait. À un moment donné, l'infirmière entra dans la chambre et me souffla à l'oreille :

« Chante-lui *Les vieux mariés.* »

Je l'avais chantée à mes grands-parents lors de leur 50e anniversaire de mariage. Pour ma part, je ne voyais pas l'utilité de chanter cette chanson de Michel Sardou sur son lit de mort, surtout que mon grand-père était parti depuis tant d'années. À mon avis, ce n'était pas de mise. J'ai donc continué à lui chanter des chants religieux…

Je crois en Toi mon Dieu, je crois en Toi…

L'infirmière est revenue un peu plus tard, réitérant sa demande :

« Chante-lui *Les vieux mariés*, elle veut aller retrouver ton grand-père. »

Cette fois-ci, j'ai compris et acquiescé à sa demande :

On vient de marier le dernier
Tous nos enfants sont désormais heureux sans nous
Ce soir il me vient une idée
Si l'on pensait un peu à nous
Un peu à nous…

À cet instant, elle a ouvert les yeux, ramené sa tête droite sur l'oreiller, regardé vers le ciel, puis doucement, elle a quitté son corps. J'ai senti la vie partir dans ma main…

J'ai dit aux gens présents : « Grand-maman vient de mourir. »

Ils m'ont tous regardé, ébahis. L'un d'eux me demanda :

« Es-tu certain ?

– Oui, absolument. »

J'avais les larmes aux yeux. Je l'ai accompagnée dans son passage, dans son ascension vers le ciel et vers l'homme qu'elle aimait plus que tout. J'ai beaucoup pleuré et dormi. Quand je suis démoli, je dors. Plus jeune, quand je souffrais, je fuyais aussitôt dans le sommeil. Quand je me réveillais et que la douleur me traversait encore le cœur, je me recouchais et je dormais encore. J'ai réagi comme ça très longtemps. Quand les portes ne s'ouvraient pas pour que démarre ma carrière, malgré tous les efforts déployés, je fuyais dans le sommeil.

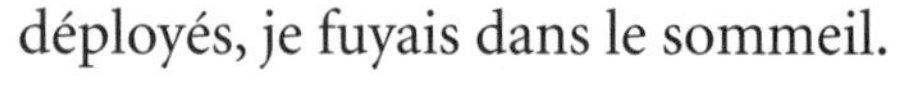

Aujourd'hui, grâce à ma foi, je me « réveille » à la vie. Je ne fuis plus autant dans l'inconscience et je m'adapte à la réalité de l'instant. Je sais que je peux élever mon coefficient de bonheur et vivre une vie meilleure. Chaque jour je dis : « Merci à la Vie, merci, mon Dieu », car j'apprends à marcher en harmonie et en paix à côté de l'Amour.

Grand-maman Gagnon que j'ai accompagnée jusqu'à son dernier souffle.

La récolte

« Ô délices de se vautrer dans l'herbe,
de contempler la terre qui se hausse
avec ses moissons blondes,
ses productions que demain va cueillir
la main des hommes ! »

MARCEL DUGAS

Cueillette des fruits amers, mûrs ou savoureux

« Être producteur de disques, c'est aussi savoir écouter. Les artistes sont souvent des écorchés vifs qui préfèrent travailler avec des individus qu'avec des multinationales. »

Eddie Barclay

Devenir producteur, quand on a toujours été dépendant de grands entrepreneurs, ne se fait pas du jour au lendemain. Pour ma part, avoir d'abord touché au métier, en avoir compris quelques rouages et être déterminé à apprendre aux autres, c'était autant d'assises pour faire le grand saut. Je l'ai effectué à l'âge de 35 ans en fondant mon étiquette MP3 Disques.

Plus que tout, je désirais être libre dans chacun de mes mouvements, avoir mes mots à dire dans chacune des facettes de la production, pouvoir créer des œuvres inédites, en remettre d'autres sur le marché… Quelle sensation unique d'imaginer de nouveaux concepts, de travailler avec de grands artistes ou ceux de la relève, et de réinventer des modes de commercialisation ! Aujourd'hui, j'ai le sentiment d'avoir atteint une plus grande maîtrise de ma vie et de ma carrière; de m'être libéré de bien des chaînes grâce à ce choix d'endosser le rôle de producteur.

Comme toute nouvelle entreprise qui démarre, j'ai traversé les embûches, les questionnements et les remises en question, mais je me suis toujours tenu debout, continuant à viser ma réussite. Heureusement, à l'arrière-plan se profilait toute ma carrière pour me rappeler que chaque petit pas compte dans l'ensemble d'un choix de vie.

Quand j'ai quitté Sony, je possédais un peu d'argent, mais pas assez pour produire un disque, d'autant plus qu'une telle démarche comporte des opérations importantes. La mise en marché étant également dispendieuse, je ne voulais pas la rater.

La vie a placé sur ma route des gens qui ont cru en moi et en mon projet. Ils ont eu raison, puisque cela leur a été très profitable monétairement. En fait, l'aventure a été payante pour tout le monde. L'argent investi leur a rapporté grandement, puisqu'ils ont doublé leurs mises, tandis que ça m'a permis de me tailler une place dans ce métier.

Ma carrière, qui a débuté en 1980, se résume à 15 albums, des participations à des comédies musicales, l'obtention de plusieurs Félix remis par l'Association québécoise de l'industrie du disque, du spectacle et de la vidéo (ADISQ), d'autres prix et distinctions nationaux et internationaux, des disques d'or et de platine certifiés, des billets d'or... Après toutes ces étapes de croissance dans l'industrie de la chanson et d'enregistrements pour maintes maisons de disques, je pouvais enfin penser à faire cavalier seul et à proposer mes propres couleurs.

D'une certaine façon, je dois mon métier de producteur à Guy Cloutier. Il m'a beaucoup donné et appris. Bien sûr, on a fait grand état de ses gestes répréhensibles, qu'il a payés, mais cet homme-là a des qualités. Il a eu un impact majeur dans ma carrière et jamais je ne renierai les gens qui m'ont aidé à grandir.

Pendant longtemps, il m'a offert un salaire. Il n'était tenu par aucune obligation de m'aider ainsi, surtout que mes premiers disques ne vendaient pas énormément. Il y a 30 ans, recevoir 150 à 200 $ par semaine équivalait à un salaire hebdomadaire de 450 $ aujourd'hui. La mensualité de mon loyer me revenait à 132 $. Guy, avec son grand cœur, savait très bien que je devais subvenir à mes besoins. En même temps, sans doute prévoyant, il ne voulait pas non plus que j'accomplisse des gestes qui auraient pu avoir des conséquences néfastes pour ma carrière.

Il s'impliquait beaucoup pour moi et en a fait davantage que son mandat l'exigeait. À l'époque, ça me choquait, car j'aurais voulu qu'il m'embauche à la gérance. Je lui en voulais. Je croyais qu'il me laissait tomber. Je me sentais tel un laissé-pour-compte. Aujourd'hui, dans le même métier, je comprends que parfois, lorsque nous sommes débordés et que 24 heures dans une journée ne suffisent pas, il est difficile de prendre 10 personnes sous son aile et d'être également ponctuel avec chacun d'eux, à moins, évidemment, d'avoir une équipe et une structure solides.

Avec MP3, j'essaie d'être à la hauteur des attentes de chacune des personnes que je rencontre et que je mets sous contrat. Quand j'en ai l'occasion et que je peux aider quelqu'un à mon tour, je le fais. Il m'est même arrivé d'apporter une aide financière à un artiste quand la demande le justifiait. Bref, j'ai su refiler du mien et passer au suivant. J'ai redonné ce que j'ai reçu, car je suis très reconnaissant de tout ce qui m'a été donné.

Je connais maintenant le boulot magistral qu'impose une production de disque. Quand j'étais sous contrat d'artiste, je restais sur l'impression que les producteurs nous volaient. Ayant été arnaqué, ça ne pouvait pas que laisser des traces. La crainte demeure… Conséquence : longtemps, je me suis imaginé que tous les producteurs escroquaient les artistes. J'avais le sentiment qu'ils faisaient tout le boulot tandis que le producteur se prélassait chez lui, à répondre au téléphone et à chercher des moyens d'investir son pognon.

Je le sais maintenant. Ce travail est colossal, astreignant. Incroyable le nombre d'heures que l'on met à la tâche. Puisque l'on n'arrive pas à vendre des disques comme à l'époque, tout le travail autour d'une production se trouve décuplé. Aujourd'hui, donc, je comprends l'autre côté de la médaille et j'éprouve beaucoup de compassion pour tous les gens qui pratiquent ce métier.

Lorsque j'ai produit l'album de Noël avec le groupe Jireh Gospel Choir, en 2004, j'étais fin prêt à m'occuper de tout. Nous en avons écoulé plus de 120 000 exemplaires. À ce succès s'est greffée une tournée de Noël à Montréal, Ottawa, Québec, Chicoutimi, Dolbeau…

Après cet album, je savais que je pouvais être responsable et maître d'œuvre de toute une production. Peu de temps après, je gravais le CD *Live à guichets fermés,* ma première production. Je tenais les rênes de ma carrière. Quel beau cadeau de la vie, mais en même temps, quelle satisfaction et quelle joie d'ainsi participer à ma propre réussite artistique !

Mon métier de producteur, je l'ai appris sur le tas, par essais et erreurs. J'ai hérité cette attitude de mon père : j'exige de tout un chacun, moi le premier, un travail de qualité et un rendement qui n'acceptent pas de demi-mesures. Quand je n'obtiens pas satisfaction et que ce n'est pas à mon goût, je dois rétablir le tir. Professionnel dans l'âme, je suis incapable de garder une personne qui n'excelle pas dans sa tâche. Il est hors de question de lui raconter des sornettes en lui disant qu'elle est bonne et qu'elle travaille bien.

Dans la construction, mon père s'entourait de très bons menuisiers. J'aurais pu gagner ma vie dans ce domaine, mais il y avait la chanson… À mon arrivée à Montréal, j'ai quand même *bossé* dans la construction ; l'excavation, plus précisément. J'avais des tâches et je m'appliquais à bien les faire. Je prenais mon travail au sérieux, même si ce n'était pas le métier dont je rêvais. Je travaillais dans les fosses septiques, entre autres, et... je ne désirais pas me retrouver dans la merde toute ma vie. (Je blague bien entendu, il n'y a pas de sot métier). C'était important pour moi que mon patron soit satisfait et content. Il l'était...

Quand j'ai quitté cet emploi pour me lancer dans la chanson, il était déçu. Pendant des semaines, il m'a appelé pour que je retourne au travail, prétextant que la chanson, ce n'était pas un métier sérieux, que mon camion m'attendait, qu'on avait besoin d'un bon travailleur comme moi...

Par ses demandes répétées, je comprenais qu'il était ravi de mes services et ça me rendait fier. Il y a des gens qui bâclent leur travail, par manque de sérieux et d'engagement. Il importe d'être vraiment à la bonne place dans la vie. Et si nous sommes obligés d'accepter un emploi temporaire, je crois qu'il faut y mettre tout notre cœur et remplir nos tâches comme si l'entreprise nous appartenait. Quand une personne n'exécute pas parfaitement le travail demandé, alors je suis convaincu qu'elle n'exerce pas le bon métier ou qu'elle n'a pas choisi d'y mettre du sien en attendant de passer à sa véritable mission.

Aujourd'hui, mon entreprise grossit, j'engage des gens qui ont envie de vivre cette aventure et qui éprouvent une passion pour leur travail. Au début, je me retrouvais avec toutes les tâches sur les épaules. J'ai « patiné pas à peu près »... Plusieurs me disaient que je fuyais dans le travail. Ma blonde déclarait souvent : « On n'a plus de vie. » Le prix à payer est immense. Je dois apprendre à doser mon travail et mes loisirs. Moi aussi, à un certain moment, j'estimais ne plus avoir de vie. J'avais l'impression de n'exister que pour le travail. Aussi, je dois faire attention. Ma sœur est décédée du cancer, mon père a eu le cancer du côlon. Puisqu'une composante héréditaire peut exister dans cette maladie, je dois prendre

En 2007, je fais un retour aux sources et je produis l'album *Quand le country dit bonjour...* réunissant plusieurs artistes populaires autour de la musique country. J'aime bien me targuer d'avoir ramené le country au goût du jour et de lui avoir redonné ses lettres de noblesse. Je suis ici en promotion pour cet opus.

soin de ma santé, mettre la pédale un peu plus douce. De plus, nous ne sommes jamais à l'abri d'un incident cardiaque. Je prends mes précautions et j'essaie de m'alimenter sainement. La prudence est la mère de toutes les vertus, dit-on...

CINDY DANIEL

Ma première rencontre avec la chanteuse Cindy Daniel a eu lieu lors de l'aventure *Don Juan*. Elle fut choisie parmi plusieurs candidates en lice pour en faire partie. J'ai alors découvert un talent remarquable. Une jeune Québécoise métissée – un mélange d'Irlandais, d'Italien et d'Indien. Son charme n'a d'égal que celui de sa voix : chaude, mélodieuse, puissante, magnifique, dont ont perçoit les influences musicales d'Alicia Keys, de Jewel et même de Bryan Adams.

Précoce, elle a enregistré son premier CD à l'âge de16 ans. Je me sentais privilégié, quand au terme de son contrat avec sa maison de disques, elle s'est tournée vers moi et mon agent Lionel Lavault. Nous lui avons signé un contrat. Cindy a plus qu'une voix remarquable. Elle possède aussi une brillante plume. Puisque sa langue maternelle demeure l'anglais, elle a longtemps couché ses inspirations sur papier dans la langue de Shakespeare, avant d'oser entreprendre l'écriture de ses chansons en français. Pour cela, elle s'est entourée d'auteurs de renom. Elle a gagné son pari.

Cindy Daniel, on reconnaît sa voix parmi mille. Pour moi, elle est la meilleure chanteuse de sa génération. Sur le plateau de *Don Juan*, lorsqu'elle chantait seule, j'allais toujours dans les coulisses l'écouter. Je trouvais cela tellement beau : une voix et une diction parfaites. Même en studio, elle s'avérait d'une grande justesse. Nous n'enregistrions qu'une fois et c'était terminé.

Son premier album sur étiquette MP3, *J'avoue*, est sorti en mars 2006. Dès lors, les stations de radio se sont emparées de la chanson *Sous une pluie d'étoiles*, la faisant dominer les palmarès pendant 22 semaines. Elle s'inscrivit également au premier rang du palmarès pop adulte. L'album s'est vendu à plus de 42 000 exemplaires. Quand même ! Pour une chanteuse à peine connue, il s'agit d'un exploit, au Québec. Elle a ensuite participé à l'album *Quand le country dit bonjour, volume 1*, dont la chanson *Une promesse* a littéralement conquis le cœur des gens, puisqu'elle tournait sans relâche dans les stations de radio à l'été 2007.

Août 2008 a vu la sortie d'un autre album, *Le tout premier jour*, une réalisation signée Guy Tourville et Marco Tessier. Le premier titre, *Quand tu ne m'aimeras plus*, lui a valu une première place au palmarès, suivi de *Le pont*, un texte de Roger Tabra (sur une musique de Sylvain Michel). D'autres chansons du CD, au cours des années suivantes, ont également pris le chemin du succès.

Son plus récent succès a été une chanson en duo avec Paul Daraîche, *Tout de moi pour toi*, extraite de l'album de duos de

Paul intitulé *Mes amours, mes amis,* paru tout récemment. Quand j'avais 15 ou 16 ans, j'étais allé voir Paul Daraîche dans un bar au Lac-Saint-Jean. J'adorais son timbre de voix, ses chansons. Je l'avais fait venir à ma table pour lui demander conseil et comment percer dans la chanson. Il m'avait répondu qu'il fallait travailler fort, avoir beaucoup de ténacité et de persévérance. Je suis tellement fier aujourd'hui de produire ce si bel album avec lui et de lui permettre ainsi d'avoir la reconnaissance qu'il mérite. La vie est vraiment pleine de surprises ! Ça fait presque un demi-siècle que cet homme vit de son métier, qu'il fait de la musique. Il évolue dans un monde à part.

Entre-temps, fort de la réussite de Cindy Daniel, en octobre 2006 – je pense avoir hérité du flair de ma mère –, j'ai regroupé plusieurs artistes dans un même opus, dans le but de revisiter les grands classiques de la musique country. À ma plus grande stupéfaction, la compilation *Quand le country dit bonjour*, volume 1, a trouvé 100 000 preneurs. La musique country n'a donc pas perdu ses galons au Québec. Au contraire, elle m'a semblé revivre tout au long de cette aventure.

La musique country compte un public fidèle qui la suit depuis toujours. Il n'est pas étonnant de voir des gens franchir 100 à 300 kilomètres pour assister au spectacle d'un artiste du country. Ces chanteurs et musiciens vendent des disques dans un autre réseau. C'est comme si les deux mondes (pop ou rock et country) ne se rencontraient pas.

Évidemment, quand le succès a sonné aux portes, les projets se sont enchaînés et je suis devenu victime de mon ambition. J'aurais dû engager dès le départ une personne pour m'assister, mais je ne le pouvais pas. Je ne voulais pas répéter l'erreur de plusieurs : m'entourer d'une équipe pour ensuite ne plus être capable de la payer, et ultimement, faire faillite. Ce danger en a touché bien d'autres et je ne voulais même pas m'en approcher. Je ne savais pas, alors, que se profilait une autre sorte de danger…

Je faisais tout moi-même et, à force d'agir ainsi, j'éprouvais une grande difficulté à déléguer des responsabilités. Personne ne pouvait prendre de décisions à ma place. Je n'existais que pour ma compagnie et moi. Alors, comment former une personne qui pourrait saisir tous les angles et les exigences fourmillant dans ma tête ? Je suis chanteur, j'exerce ce métier depuis longtemps. Avec les années, j'ai développé une expertise assez vaste. Je connais les deux côtés de la médaille. Je suis également un consommateur, donc je sais comment les acheteurs pensent. Pour élaborer une publicité, je me mets d'abord à la place de l'acheteur. Je prends le pouls du marché, j'écoute la radio, je regarde la télé. À partir de mes observations, je crée une publicité gagnante pour un public cible. Impossible d'embaucher quelqu'un qui n'accomplirait que cette tâche. Ça me prend un adjoint polyvalent comme moi. Et même s'il avait une certaine expertise dans ce domaine, serait-il bon pour travailler dans d'autres aspects de la compagnie ?

Mais, avec le temps, la sagesse finit par se faire une petite loge dans l'esprit. Puisque certains secteurs du métier me demeuraient complètement inconnus, tels que l'administration et les placements médias, j'ai embauché une personne pour exécuter ces tâches, pendant que je travaille sur le plan artistique des projets de disques.

Aujourd'hui, je n'essaie pas d'être moins passionné, mais de me tranquilliser. À force de travailler comme un fou, je risque de rater le résultat de mes œuvres. Pour ne pas flirter avec le surmenage professionnel, mieux vaut ralentir et apprendre à me fier à l'autre et à ses capacités de mener à bien les projets.

En 2007, pour continuer d'abattre les préjugés à propos de la chanson country, j'ai produit le volume 2 de l'album *Quand le country dit bonjour.* Le premier volume mettait en vedette Dany

Bédar, Jean-François Breau, Cindy Daniel, Marc Dupré, Bourbon Gauthier, Jorane, Daniel Lavoie, Jonathan Painchaud, Marie Denise Pelletier, Ginette Reno, Les Respectables, Mara Tremblay, et moi-même, bien sûr. Sur ce deuxième album, on retrouvait Paul Daraîche, Les Denis Drolet, Patrick Groulx, Laurence Jalbert, Marie-Ève Janvier, Lynda Lemay, Nadja, ainsi que Michel Rivard. Un autre succès… pour le country !

NADJA

J'ai rencontré cette chanteuse, née dans un petit village du Lac-Saint-Jean, dans un resto-bar de Brossard. Tout de suite, j'ai été subjugué par sa voix puissante et incroyable. Elle est arrivée ce soir-là alors que je m'apprêtais à quitter l'endroit et, son sourire, son aura m'ont attiré. Elle s'est avancée près de la scène et le chanteur qui se produisait ce soir-là la connaissait apparemment. Il lui a soufflé quelque chose à l'oreille et, après avoir enlevé son manteau, elle est montée sur scène et a chanté *Georgia on My Mind* divinement bien. J'ai eu immédiatement envie de lui parler. Je lui ai demandé d'où elle venait, et elle de me répondre : « De Saint-Méthode au Lac-Saint-Jean, j'allais te voir chanter quand j'étais petite. »

Avant même de lire et d'écrire, Nadja chantait. Elle émerveillait les adultes autour d'elle, surtout lorsqu'à l'âge de deux ans, elle reprenait, comme si de rien n'était, les refrains publicitaires entendus à la radio et à la télévision. Son auditoire s'est mis à s'élargir, ne touchant plus seulement la famille, mais les copines, les écoliers, les professeurs… La petite Nadja ne s'enflait pas la tête avec les compliments qu'on lui lançait à profusion. Elle s'amusait, simplement. Niché au creux de son cœur, un désir secret grandissait : faire de la chanson sa profession.

Avec détermination, elle a quitté ses parents, ses amis et son patelin pour aller s'installer à Montréal. Nadja a ensuite travaillé çà et là, avant de chanter, pendant trois ans, dans les pianos-bars de Montréal et des environs. À l'aube de l'an 2000, elle a fait la tournée des hôtels en Asie. Elle a chanté pendant six années à Hong Kong et Taïwan, alors que son contrat de départ ne prévoyait que six mois. Mais que ne ferait-on pour « l'amour », qu'elle a rencontré à Singapour ?

De retour au Québec, Nadja a fait la tournée des restos-bars de la province. Un soir après son travail, elle a décidé d'aller passer du bon temps dans un autre resto-bar à proximité. Elle venait de terminer son tour de chant, mais elle n'a pourtant pas refusé l'offre de monter sur scène pour interpréter *Georgia on My Mind* de Ray Charles.

Holà ! Ce jour-là, j'étais dans cette salle, littéralement médusé par la voix de cette femme. Je n'en revenais pas. Elle chantait de tout son cœur et à la perfection. Je n'avais jamais rien entendu de tel de ma vie. Même si parfois les gens ne l'écoutaient pas et parlaient sans relâche, elle se donnait comme si elle se trouvait au Madison Square Garden.

Pendant quatre ans, je suis allé la voir dans les endroits où elle se produisait avant de décider de faire un disque avec elle. Elle a tout de suite accepté. Nadja, c'est le travail, la rigueur, la persévérance, la voix et une attitude admirable. Dès la première semaine de mise en marché, son premier album *Nadja* s'est retrouvé au sommet du palmarès, grâce à l'extrait numéro 1, *Hound Dog* (très différente de la chanson d'Elvis Presley du même titre).

Encore là, pour une artiste de la relève, vendre 75 000 CD constitue un exploit, vu la conjoncture très difficile dans le milieu du disque. Puis, avec un second album *Everything's Going My Way, paru en avril 2011*, Nadja renoue avec le succès. Elle ose écrire des textes originaux et n'en est pas peu fière. Cette artiste-là a tout ce qu'il faut pour monter sur les plus grandes scènes du monde. Attendez, pour voir…

En novembre 2001, nous avons sorti un album qui a connu également un grand succès: *Noël Nadja*. Il a été certifié or en moins d'un mois, avec plus de 45 000 exemplaires vendus.

En janvier 2010, un volet s'ajoute à la maison de disques: MP3-Spectacles. Produire des disques est une chose, mais permettre aux artistes de montrer leur talent et de rayonner sur les scènes en est une autre. Michel Gratton, avec qui j'avais travaillé sur plusieurs tournées par le passé, est devenu mon partenaire d'affaires, mon homme de confiance dans ce secteur de mon entreprise. Il est droit et honnête, passé maître dans le domaine du spectacle. C'est avec une entière confiance mutuelle que nous travaillons.

ÉTIENNE DRAPEAU

Étienne Drapeau, l'auteur-compositeur-interprète et multi-instrumentiste, l'ex-académicien de *Star Académie*, cuvée 2004, a fait son entrée à MP3 Disques en septembre 2010. Étienne Drapeau, c'est un gars rigoureux dans le travail, qui cherche toujours à parfaire son écriture. Il est ponctuel et très travaillant.

Si, dans ce métier-là, tu n'as pas le cœur à la besogne, impossible d'atteindre ton but. Quand j'étais jeune, on me disait que ça prenait 10 % de talent et 90 % de travail. J'ai fini par comprendre qu'il s'agissait d'une vérité. Si tu n'y mets pas tout ton cœur, toute la rigueur, c'est peine perdue. Ce gars-là en est un exemple.

J'ai eu envie de tendre la main à ces artistes de la relève, dont je ne doutais pas un seul instant qu'ils iraient très loin dans cette voie choisie qui lui sied très bien. Je suis fier, car MP3 Disques a pour mandat de donner aux artistes sous son aile, les moyens nécessaires pour exercer leur métier d'auteur-compositeur-interprète, de la meilleure manière et dans les meilleures conditions possible.

Mission accomplie, mais elle ne s'arrête pas là… J'ai tant de projets à venir…

Le mot de la fin... et de la continuation

Au terme de ce livre, je suis un peu triste. Tout voyage se termine un jour, et celui-là en est un autre important... Je le considère un peu comme un bilan. Ces mots enfilés à la suite des autres m'ont servi de pont pour vous rejoindre, pour partager avec vous ma vie, ma carrière, mes valeurs, ma foi et surtout mes amours.

Un peu comme un rideau qui se baisse à la fin d'une représentation, je retourne au silence, mais avec la satisfaction du devoir accompli. Dans ma vie personnelle et dans ma profession, j'ai constaté mes progrès. D'accord, j'aurais pu en faire davantage à certains moments et un peu moins en d'autres temps. C'est une question d'équilibre. Même si je récolte les fruits de ma ténacité, une longue route m'attend encore pour développer mon être profond, pour rendre les gens heureux et pour guérir de mes blessures. Car les plus grands chanteurs, les plus grands acteurs du monde, quand ils se couchent le soir, restent des êtres humains, petits, faibles, avec des carences, des comportements et des attitudes à améliorer.

Dans la vie, le plus difficile n'est pas d'accomplir sa mission, mais de la vivre avec passion, d'apprendre à se connaître et à transformer sa façon d'être en communication avec les gens qui nous entourent : parents, conjoints, amis et collaborateurs...

Sans vouloir donner dans le prêchi-prêcha, je crois sincèrement que le bonheur repose sur notre capacité à nous ouvrir à toutes les dimensions de notre être, à vivre en harmonie avec les lois et les grandes valeurs qui nous aident dans nos engagements personnels, professionnels et humanitaires.

Humblement, je veux contribuer à une vie meilleure sur cette terre et je souhaite vraiment m'éloigner de notre monde plutôt artificiel et illusoire, pour renouer avec cet espace de Vie en moi qui ne demande qu'à s'épanouir. Que valent tous les honneurs si je n'arrive pas à me respecter et à aimer ce que Dieu a créé ?

Grâce à cette rétrospective de ma vie, à ce détour vers mon passé, je constate que bon nombre de décisions, de rencontres et d'événements ont été déterminants dans ma réussite. Certaines personnes semblent avoir le don de marquer nos vies. Elles m'ont aidé à la rendre plus équilibrée et je leur en suis vivement reconnaissant.

Bien sûr, je suis conscient des nombreux obstacles à franchir avant que mon regard sur l'autre ne soit qu'amour et compassion. Je vous l'ai dit, il y a cet homme des cavernes qui surgit parfois des tréfonds de mon être pour prendre bien de la place. Tranquillement, avec détermination, discipline et intégrité, je ne cherche plus tant à m'attacher aux fruits de mes actions qu'à développer mon être intérieur.

Ce que je souhaite du plus profond de mon cœur, c'est que ce livre ait apporté un peu de baume à votre quotidien.

Mario

Témoignage de ses parents

Papa et maman lors de leur 50e anniversaire de mariage, le 27 août 2011.

Mon cher Mario,

Je t'écris ces mots les yeux pleins d'eau, de cette eau qui aimerait laver jusqu'aux derniers recoins les conflits que nous avons connus ensemble. Malgré ma maladresse à t'exprimer les sentiments de mon cœur, sache que je suis l'homme le plus fier de la Terre d'avoir un fils à la fois sensible et solide comme toi. Parfois nous avons cheminé sur de longues routes sinueuses, verglacées, poudreuses, mais jamais, même lors de nos différends, je ne me suis détourné de toi. Mon cœur de père n'aurait pu s'éloigner un seul instant de l'amour que je te porte depuis le premier jour de ta vie. Me pardonneras-tu jamais mes erreurs, mes tentatives infructueuses de changer la couleur de certaines de mes journées ?

Heureusement, nous avons emprunté d'autres routes, beaucoup plus nombreuses, belles, pittoresques, dégagées. Par ces parcours, tu as fait de moi un homme meilleur et, en parallèle, je t'ai vu devenir un vrai capitaine aux commandes de ta destinée.

Aujourd'hui, l'humble « p'tit gars » du Lac-Saint-Jean vit toujours en toi et rayonne dans ce milieu du show-business où il est difficile parfois de garder les pieds sur terre. Tu n'as jamais porté le manteau de la vanité. Au contraire. Personne n'échappe à ta chaleur, à ton magnétisme, à ta générosité proverbiale, à ton humilité, et surtout à ta grande sensibilité, qui te rendent si présent à l'autre.

Comme Charles Aznavour le chante si bien, il y a « le temps, le temps et rien d'autre ; le tien, le mien, celui qu'on veut nôtre », mais il y aussi ce temps, le plus important de ma vie, ce temps de te dire ces mots qui, là, maintenant, volent de mon cœur au tien : Je t'aime, Mario.

PAPA

À mon très cher Mario,

J'ai eu cinq enfants et je vous aime tous avec la même intensité, la même ardeur, le même souffle, peu importe où vous êtes sur cette terre et au ciel. Aujourd'hui, la chance m'est donnée de te parler plus particulièrement et je la saisis au vol.

Témoigner de tout ce que nous avons vécu ensemble: ta naissance; la vie familiale; les fêtes heureuses; cette perte cruelle impossible à décrire, le décès de ta sœur Johanne; ma dépression profonde qui a occupé cette période sombre de notre histoire.

Et puis, ton adolescence tumultueuse à tenter tant bien que mal de soigner cette perte terrible; ton départ à Montréal et la traversée sombre qui s'ensuivit; les épreuves et les réussites dans ta carrière ainsi que ta vie affective… Il y aurait tant à dire, mon cher Mario!

Mais à travers toutes ces années, ce que j'ai appris de plus précieux, c'est que la vie a un horizon pour chacun d'entre nous et qu'il s'agit d'accepter qu'il puisse ne pas être parfait, sans faille et comme on le voudrait. Par contre, il offre en retour une superbe symphonie de joies si on ose dire OUI À LA VIE.

En te regardant évoluer, j'ai compris que nous sommes toujours amenés là où le destin a écrit notre histoire, mais que pour y répondre, il faut foncer, déplacer quelques montagnes et désirer atteindre les buts fixés. Voilà ce que tu nous as démontré avec une constance remarquable.

La base de ta détermination, c'est cet amour que tu prodigues si bien autour de toi, par ta présence authentique et tes chansons qui touchent profondément et chaque jour mon cœur de mère.

De plus en plus, la vie me confirme qu'il y a une tradition qui se lègue de génération en génération, dans la famille Pelchat. Ton grand-père a été un grand semeur, ton père a pris la relève et toi, tu marches brillamment à ses côtés. Mario, tu ES le semeur. Tu sèmes l'amour à tous vents et je te souhaite une récolte abondante, à la mesure de ta générosité.

En cette fin d'après-midi, il ne me reste que l'essentiel à te dire : je suis très fière de toi, mon fils. Je t'aime pour toujours et à jamais.

MAMAN

Annexe 1

Texte écrit pour souligner
le 40e anniversaire
de mariage de mes parents

Parler de ceux qui s'aiment est un peu indécent
Surtout quand il s'agit de son père et sa mère
Car au fond qui de mieux à l'heure des bilans
Pour tout nous raconter de leur itinéraire?
Que ceux-là qui en connaissent bien les dessous
Jusqu'aux moindres volets de leur intimité
Tout en sachant garder ce qu'on garde pour nous
Quand pour toute une vie on choisit de s'aimer…

Mais cette soirée existe pour leur rendre hommage
Et non pas dans le but de les intimider
Alors cet intimiste et humble témoignage
Sera un point de vue, le mien, moi leur aîné (Mario)
Aîné qui bien forcé à prendre le bâton
N'a jamais eu la grâce de celle avant lui (Johanne)
Qu'un ignoble cancer a tué sans raison
Pour qui, tâche pourtant, n'est pas prise à demi
Bien mieux que de l'écrire, il aurait pu chanter
Et son discours aurait beaucoup plus d'éloquence
Oui, mais il vous fait dire en toute vérité
Qu'il chantera, peut-être, mais qu'il est en vacances…

Et il y eut celui que la mort menaça (Éric)
Lorsque son premier souffle voulut s'imposer

Elle s'acharna alors et par plus d'une fois
Mais lui, sans trop de peur lui fit des pieds de nez
Et c'est pour ça qu'il mord à pleines dents la vie
Ce que le père avait de fougue et de passion
Peu importe le sport, il en fait son défi
Comme sa soif de savoir dont il fait sa raison…

Puis un autre garçon, celui-là blond platine (Steve)
De quoi se demander s'il était bien à eux
Mais plus vont les années plus les traits se dessinent
Et les airs et la voix n'ont plus rien de douteux
Il a cette habitude comme l'avait sa mère
De jouer la musique pour son bon plaisir
Et pour la joie de ceux qui les soirs de galère
Ont un Sardou à eux et pianiste à loisir…

Finalement celle-là attendue, espérée (Karine)
Comme le printemps se pointe a enfin vu le jour
La dernière, une fille, une femme à aimer
Quand un gendre audacieux voudra de son amour
Elle qui peut tout refaire de votre intérieur
Et le redécorer selon votre demande
A la vie devant elle à mettre à ses couleurs
Mais quatre hommes à convaincre pour son cœur à prendre…

Et parce que l'homme quitte et son père et sa mère
Il faut à ce décompte additionner trois filles
Qui sont venues chacune apprivoiser trois frères
Et faire que par elles grandisse la famille
Petits-enfants s'entassent et font de cette vie
Une preuve de plus qu'un vent perpétuel
Nous oblige à vieillir et laisser aux petits
Un avenir heureux qu'on voudrait éternel
Alors nos géniteurs ont donc une assurance

Qu'on portera le nom Pelchat par tradition
Mais dont les veines aussi brûlent à une autre essence
Le ventre d'origine d'une maman Gagnon…

À eux puisse aujourd'hui à qui vient le mérite
De s'être aimés quand même face à l'adversité
Être jour de bonheur, de grande réussite
Parc'qu'il est trop facile un jour de tout quitter
Avec une solide complémentarité
Ils ont su nous léguer leurs forces et leurs faiblesses
Qui font d'eux des humains faits de fragilité
Capables de bonté, capables de tendresse…

Comme on claque des doigts, quarante années défilent
Mais on ne les voit pas lorsque l'amour unit
Parfois dures et cruelles, mais jamais inutiles
Si on sait les saisir et en tirer profit.
Nous pourrions terminer de mille et une façons
Vous souligner ainsi notre reconnaissance
Mais pour vous qui avez donné sans abandon
Notre salut ne passera pas sous silence
Et c'est par l'héritage le plus souvent repris
Que nous, que vous avez rendus un peu plus riches
De nous avoir aimés nous vous disons « Merci ! »
Aidés de notre sœur, par sa chanson fétiche.

… Et à cet instant joua la chanson fétiche de Johanne *Gigi L'Amoroso*, avec nous, leurs enfants (Johanne y compris), par le truchement d'un enregistrement que nous avions d'elle sur lequel nous avons ajouté nos voix.

Annexe 2

Discographie de Mario Pelchat

Je suis un chanteur
(1982, Disques N° 1, NOX-1824)

Je suis un chanteur; Tu comprendras; Tu es amoureux mon vieux; C'était notre nid d'amour; Je veux chanter; Un monde ensoleillé; Besoin d'amour; Sans amour; Dis-le-moi; Je crois en toi le monde.

Tu m'as fait mal
(1983, Disques N° 1, 1830)

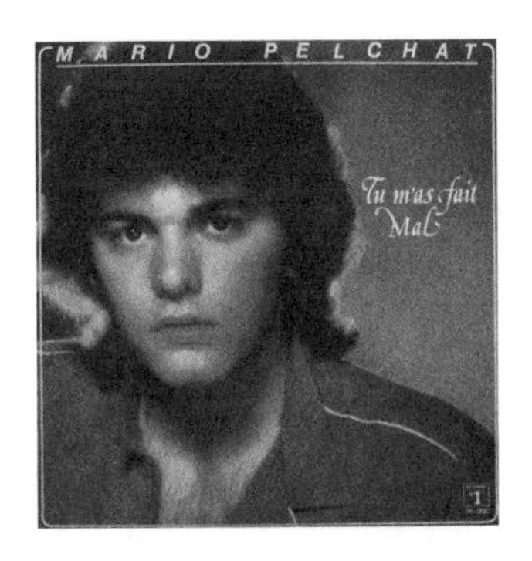

Soleil éternel; Écoute-moi; Un monde d'amour; Laisse le temps t'offrir cette fleur; Tu m'as fait mal; Chanson pour ma sœur; L'amour est un ballon blanc; Elle; En amoureux.

Mario Pelchat
(1988, Audiogram, AD-10011)

Si tu veux; Ailleurs; Reste là; Parfum d'adieu; Voyager sans toi; L'otage; Un amant; J'ai le blues de toi; On s'aimera un jour.

Couleur passion
(1990, Showgun, CD-808)

Sur ta musique; Encore une fois; Les enfants solitaires; Quand on y croit; Combien de temps; Arrête-moi; Près de toi; Tu n'es pas seule; Sentinelle.

Pelchat
(1993, Sony, CCK 80177)

À juste raison; Pleurs dans la pluie; M'laisse pas tomber; Plus haut que moi (duo avec Céline Dion); Quitte-moi; Champ de bataille; Perdue l'envie d'aimer; C'est mieux que d'aimer; Fais confiance; Rien changer.

C'est la vie !
(1995, Sony, CK 80215)

C'est la vie !; Danser; N'importe où; Tu me manques; Le bleu du ciel; Parle-moi; Demain; Dors sur mon cœur; Qu'importe le jour; Le semeur.

Mes premières chansons
(1998, Productions Guy Cloutier, PGC-4-9355, COMPILATION)

Je suis un chanteur; Tu comprendras; Tu es amoureux mon vieux; C'était notre nid d'amour; Un monde ensoleillé; Besoin d'amour; Sans amour; Je crois en toi le monde; Soleil éternel; Écoute-moi; Un monde d'amour; Laisse le temps t'offrir cette fleur; Tu m'as fait mal; Chanson pour ma sœur; L'amour est un ballon blanc.

Incontournables
(1998, Sony, CK 80360, Compilation)

Géant à genoux; Pleurs dans la pluie; Le bleu du ciel; À juste raison; Plus haut que moi; Sur ta musique; Voyager sans toi; Reste là; Ailleurs; C'est la vie!; Perdu l'envie d'aimer; L'otage; Quand on y croit; J'ai le blues de toi; Le semeur; Vivre en bleu.

VII
(1999, Productions Amp, AMPCD-8200)

J'en veux encore; Renaître à la vie; Les cèdres du Liban; Plus près de vous; Un enfant; Je n't'aime plus; Je dois vivre; Te parler de ma vie; À ta santé; Lumière; Je m'ennuie de toi; Tant de mots.
(Réédition: 29 avril 2008, MP3 Disques, AMPCD8200)

Les Divans
(2001, DKDO, DKDCD 5303)

Ordinaire (avec plusieurs interprètes) ; Ma fille.

Mario Pelchat 2002
(2002, Productions Map, AMPCD20)

CD 1

Je suis un chanteur ; J'ai le blues de toi ; L'otage ; Reste là ; Ailleurs ; Voyager sans toi ; Quand on y croit ; À juste raison ; Perdu l'envie d'aimer ; Champs de bataille ; C'est la vie !

CD 2

Lumière ; Les cèdres du Liban ; Tant de mots ; La bête immonde ; J'en veux encore ; Vivre en bleu ; Pleurs dans la pluie ; Le semeur ; Ne me quitte pas ; Je n't'aime plus ; Reste (duo avec Maurane) ; Je n'avais jamais prié (duo avec Boom Desjardins) ; Avec le temps (duo avec Éric Lapointe) ; Danse mon Esmeralda ; Au nom de tous les miens.

Live – à guichets fermés
(2003, Zone 3, AMPCD8201)

Lumière; Les cèdres du Liban; Tant de mots; Proud Mary (duo avec Sylvie Desgroseillers); Le bleu du ciel; Pleurs dans la pluie; Le semeur; D'la bière au ciel; Avec le temps (duo avec Éric Lapointe); Au nom de tous les miens; Je dois vivre; Salut Léon; Ne me quitte pas; Je n't'aime plus; Renaître à la vie.

Noël avec Jireh Gospel Choir
(2004, Productions Map, AMPCD7894)

Ouverture (Nearer, My God, to Thee) / Sainte-Nuit; Minuit chrétiens; L'enfant au tambour; Chaque année; Noël à Jérusalem; Ave Maria; Medley gospel: Amazing Grace / Glory Alleluia / Go Tell It To The Mountain; Joyeux Noël; Adeste Fideles; Les enfants oubliés; Noël blanc; God Is Trying To Tell You Something; Chantons Noël; Bonne année.

Le temps d'une chanson,
le temps de dire je t'aime
(18 octobre 2005, Aube, AUBECCD0306)

Soir d'hiver.
(Disque hommage à Claude Léveillée /
Autres titres par divers interprètes)

Salut Joe!
(7 février 2006, Atlantis, ATCD5613)

Les Champs-Élysées.
(Autres titres par divers interprètes)

Le monde où je vais
(7 mars 2006, MP3 Disques, AMPCD7895)

Aimer; Ouvre-moi le ciel; Quand on fera l'amour; Arrêtez-les; Jamais deux sans toi; Qui passe par ton âme; Reste (duo avec Maurane, version 2006); Si tu t'en vas; Mon refuge; Des milliards de personnes; Le monde où je vais; Chacun fait sa musique (duo avec Lynda Lemay).

Quand le country dit bonjour…
(31 octobre 2006, MP3 Disques, AMPCD7897)

Perce les nuages; Le sentier de neige (duo avec Cindy Daniel).
(Autres titres par divers interprètes)

Mario Pelchat / Michel Legrand
(10 mars 2009, Musicor, MQMCD2400)

Les parapluies de Cherbourg (Je ne pourrai jamais vivre sans toi); La chanson de Maxence; Un parfum de fin du monde; Moi je suis là; How Do You Keep the Music Playing? (duo avec Dionne Warwick); L'été 42; L'addition; Les moulins de mon cœur; Comme elle est longue à mourir ma jeunesse; Brûle pas tes doigts; La valse des lilas; Rupture; Elle a, elle a pas (duo avec Michel Legrand); Je vivrai sans toi; Un ami s'en est allé.

Toujours de nous
(2010, MP3 Disques, MQMCD2418)

Toujours de nous; Le sourire au cœur; Je serai le même; Je renonce à tout; La dernière noce; S'il le faut; Mon retour; Croire; Le bonheur; La plus belle histoire; Sors; Je partirai.

Coffret (30 ans de carrière):

2011: un coffret regroupant 15 albums, dont un album double; 187 chansons retraçant 30 ans de carrière, ainsi qu'un livre d'archives, photos et textes de 64 pages.